Les **patrons mangeurs** de **chair**

A Etiennette

Pour rester sereine

Collonel

Rollande Montsion

Les **patrons mangeurs** de **chair**

Les reconnaître.
Les fuir.
Les écarter.

iQ **Les communicateurs**

Catalogage avant publication de Bibliothèque et Archives nationales du Québec et Bibliothèque et Archives Canada

Montsion, Rollande, 1949-
  Les patrons mangeurs de chair : les reconnaître, les fuir, les écarter
  (Collection Les communicateurs)

    1. Cadres (Personnel) - Attitudes.   2. Personnel - Direction.   3. Qualité de la vie au travail.
    I. Titre.   II. Collection: Collection Les communicateurs.

HD38.2.M66 2011   658.4'09   C2011-940414-1

Dépôts légaux
Bibliothèque nationale du Québec
Bibliothèque nationale du Canada
Imprimé au Canada

DIFFUSION EN AMÉRIQUE :
Prologue
1650, boulevard Lionel-Bertrand
Boisbriand (Québec) J7H 1N7
Canada
1-800-363-2864
www.prologue.ca

DIFFUSION EN EUROPE :
D.N.M.
30, rue Gay-Lussac
75005 Paris
France
01.43.54.49.02
www.librairieduquebec.fr

Révision : Pierre Corbeil
Mise en pages : Manon É. Léveillé
Illustration et photo de couverture : Quentin photographe (Évelyne Deshaies)

© Isabelle Quentin éditeur, 2011
http://iqe.qc.ca
ISBN : 978-2-922417-84-5

                                                    1 2 3 4 5 13 12 11

Collection *Les communicateurs*

La collection *Les communicateurs* vise à réunir des écrits spé-
cialement rédigés pour un large public par des spécialistes qui
sont reconnus, chacun dans son domaine, pour leur avant-
gardisme.

Ces ouvrages se veulent donc pratiques, tout en offrant
un solide contenu intellectuel. De ce fait, c'est tout autant au
cœur qu'à l'esprit qu'ils font appel.

Ils sont toujours le fruit d'orateurs de talent, aptes à trans-
mettre efficacement des messages parfois complexes.

Cette collection, loin de se limiter à un champ d'étude
particulier, est essentiellement ouverte à une recherche d'information et à une qualité du discours.

Pour tous renseignements sur ces conférenciers ou pour
nous faire part de vos commentaires, n'hésitez pas à commu-
niquer avec l'éditeur.

editeur@iqe.qc.ca
http://iqe.qc.ca

En hommage à Jeannine Guillevin Wood,
une grande dame des affaires
au leadership humble et généreux.

Elle disait que pour réussir, il faut oser
et s'entourer de gens forts.

Elle répétait qu'elle n'aurait rien pu faire
sans tout le personnel de Guillevin,
des employés de l'usine
aux membres de la direction.

Table des matières

PRÉFACE..15

INTRODUCTION 19

1. LE PHÉNOMÈNE DES MANGEURS DE CHAIR 23

Le rôle des patrons dans la création des mangeurs de chair...................25

Le mensonge des patrons 28

La relation du mangeur de chair avec ses employés 32

L'accueil et l'intégration des employés 33

Nouvel arrivé ?..34

Patron ?..34

La description de poste 34

Les tâches et le mangeur de chair..35

Les tâches vues autrement 36

L'apprentissage et le développement professionnel............................36

Les échanges 36

Le flot d'information...37

Formation ou apprentissage...37

Pour faire autrement 39

L'appréciation du rendement...39

Les formes d'appréciation 39

La transparence..40

L'erreur 41

La quotidienne 41

La globale 42

La reddition de comptes 42

Les employés 43

Les cadres 43

La relation du mangeur de chair avec l'organisation 44

Des mandats courts pour dirigeants ambitieux 45

Le choc dans les troupes 45

L'attitude de la direction 46

Le contact avec le personnel 46

Les phases d'implantation 47

La réorganisationite aiguë 50

Un modèle idéal 50

Témoignage 52

Une nouvelle définition de la structure 55

Une planification déconnectée 55

Des budgets prétentieux 57

Les systèmes d'information chéris 59

La critique 59

La part des utilisateurs 60

Les projets vedettes 61

2. LES VICTIMES ET LE POUVOIR DE CHANGER LES CHOSES 65

Vous reconnaissez-vous dans ces témoignages ? 68

Josée 68

Bertrand 70

Les amies retraitées 71

La tornade blanche 73

Henriette et sa gang 74

Le gala de la performance 74

Armand 75

Les leçons des témoignages 77

Que faire ? Trois issues... 78

Le cas des petites entreprises 79

La voie de la réflexion 79

La responsabilité de tous 79

L'impasse du travailleur 81

La culture du bonheur 82

Un modèle de leadership à revoir 83

L'équilibre salutaire 85

L'omniprésente structure 86

L'instantanéité 87

La voie de la protection personnelle 89

Bâtir sa personnalité 89

Savoir dire non 92

Apprendre à se détacher 94

Prendre ses distances 97

Tirer parti des groupes de soutien 98

La voie des traces 100

Commenter ses évaluations 100

Porter plainte, déposer un grief 101

Témoigner au départ 104

Ne jamais rester indifférent 106

Poursuivre 107

3. LES ORGANISATIONS INFESTÉES 111

Lettre ouverte aux PDG et aux administrateurs 113

À propos de la direction des Ressources humaines 114

À propos de notre guerre 116

À propos de notre relation avec la base 117

À propos des crises 119

À propos des tendances 120

À propos de certains de nos modèles 122

À propos des récompenses 122

L'heure est aux choix 123

Je suis patron. Que faire ? 124

Le bulletin 124

Des pistes 128

Se gérer soi-même 128

Le leader accompli 129

Le mangeur de chair 129

Ne pas se croire le meilleur 129

Le leader généreux vs le leader secret 130

Encourager la libre initiative 130

Oser 131

Cultiver les leaders 132

Faire circuler l'information 133

Ériger le bien-être en objectif prioritaire 134

4. COMMENT S'IMMUNISER ? 137

   Adieu, organisations infestées et patrons mangeurs de chair !................139

   Comment éviter l'organisation infestée...140

   Comment éviter les mangeurs de chair...143

   Trois vrais leaders antimangeurs de chair..146

      Une aciérie au lendemain d'une explosion...146

      Une compagnie aérienne attentionnée..148

      Un personnel hôtelier des plus choyés...151

      Ce que ces exemples nous enseignent...152

CONCLUSION 153

L'AUTEURE 155

LISTE DES TABLEAUX... 157

Préface

Malheureusement, je me suis reconnu plusieurs fois dans ce livre.

Ingénieur en début de carrière au service d'une pétrolière multinationale dans les années 1980, je revois mes patrons mangeurs de chair avides de développer en moi une soif insatiable de gravir rapidement les échelons hiérarchiques. Ma forte personnalité me prédisposait à rejoindre les rangs de ces tyrans, et les portes se sont grandes ouvertes devant moi.

Plus tard, alors que je gérais mon équipe comme mes mentors toxiques me l'avaient si bien enseigné, je me suis senti coincé dans ce système dont j'étais devenu un des promoteurs les plus virulents. Il va sans dire que les résultats financiers étaient au rendez-vous, mais les tensions relationnelles, les mises à pied cycliques et le taux élevé d'absentéisme aussi.

Heureusement, la vie s'est depuis chargée de me ramener à une approche plus humaine, tout en gardant l'œil fixé sur les résultats, comme savent le faire les vrais leaders équilibrés de ce monde.

Bien que le changement ait été relativement rapide, la perception de mes pairs et de mes supérieurs à mon égard a évolué beaucoup plus lentement. Comme si la hiérarchie ne savait que faire de ce nouveau moi.

Ce livre est très audacieux. J'avais même peur que l'objectif premier en soit de donner des munitions aux employés victimes des mangeurs de chair. Les organisations infestées par ces dirigeants despotiques sont déjà assez hypothéquées et fragilisées sans provoquer par un livre une révolution interne chaotique et anarchique.

Cependant, mes peurs se sont vite estompées lorsque j'ai réalisé, dès le premier chapitre, que l'auteure dressait un constat réaliste de la situation. Sans être trop alarmants, les propos et les exemples utilisés décrivent exactement le climat pénible qui règne dans les organisations infestées... À tel point que j'en ai eu des nausées !

À ce constat, Rollande Montsion ajoute de l'espoir au deuxième chapitre en décrivant des solutions concrètes pour les victimes de leaders abusifs. Celles-ci comprendront du coup qu'elles sont responsables du changement espéré et qu'elles doivent l'opérer sans trop compter sur le support de leur environnement de travail immédiat.

Fait inédit, le troisième chapitre propose un éventail de solutions pour les mangeurs de chair eux-mêmes ainsi que leurs collègues et patrons. Quel soulagement ! Un véritable baume de réconfort pour les organisations infestées.

En conclusion, ce livre donne des trucs pour dépister les mangeurs de chair lors du processus d'embauche. Car le cycle infernal doit arrêter dès la sélection des nouveaux candidats.

Merci à l'auteure pour cette prise de conscience brutale, juste et surtout pertinente.

Merci pour les solutions qu'elle propose à tous les échelons hiérarchiques des organisations infestées.

Merci de nous livrer ce message au moment où nos organisations tentent de retenir la main-d'œuvre et d'attirer le peu de candidats disponibles. La pénurie de personnel anticipée à cause du départ à la retraite des baby-boomers incitera, l'espérons-nous, les organisations à appliquer les principes énoncés dans cet ouvrage, et ce, dans un avenir très rapproché.

Nous avons tous la responsabilité d'identifier, de gérer, de dénoncer ou de quitter les dirigeants despotiques. La survie de notre société en dépend!

NORMAND LOOTZAK, ing.
Coach, formateur et conférencier
www.normandlootzak.com

Introduction

Des milliers de personnes souffrent dans des entreprises et des organisations qui refusent de gérer un grave problème en leurs murs : celui des mangeurs de chair. Quant aux malheureux travailleurs qui en font les frais, ils refusent de croire que leurs patrons perpétuent ce problème malgré tous les dégâts apparents dans leur force de travail et malgré toutes les mises en garde des médecins, psychologues et spécialistes en ressources humaines.

Ce livre est né de ce double constat. Il n'a qu'un objectif : aider des individus et des organisations à évoluer dans un environnement de travail heureux, épanouissant et performant.

Les organisations ont tendance à se comporter comme la grenouille de la fable. En voulant devenir aussi grosses que le bœuf, elles perdent de vue la performance qui assure la survie aux dépens de la productivité qui génère les profits. Et celles qui poussent trop loin dans cette direction rendent leur milieu de travail invivable. Ces organisations choisissent presque toujours les solutions à même de produire plus de profits à court terme, et elles favorisent ainsi l'apparition des mangeurs de chair.

Les mangeurs de chair sont ces patrons qui, mine de rien, usent et abîment les personnes sans qu'on en fasse de cas parce qu'on n'a d'yeux que pour leurs impressionnants résultats. Le phénomène du mangeur de chair, dont les comportements nocifs restent largement sous-estimés, est encore tabou. Il découle d'un modèle de gestion qui a connu de beaux jours, mais qui ne répond plus aux besoins d'épanouissement et de motivation des travailleurs.

Nous connaissons tous ces patrons qui gaspillent les énergies, qui sabotent les efforts, qui utilisent les talents à leurs fins plutôt qu'à celles de l'organisation, qui harcèlent et épuisent. Nous savons aussi qu'ils sont nombreux.

Je crois ces mangeurs de chair en grande partie responsables de la faible productivité de nos entreprises et de la piètre qualité de nos produits. Responsables aussi de la forte hausse des absences, congés et épuisements professionnels dans les organisations qu'ils gouvernent. Et totalement responsables de l'atmosphère dégradée des lieux de travail, de la démotivation des troupes, de même que de l'absence d'innovation et de créativité en général.

Malgré les études et les nombreux ouvrages traitant des effets du leadership sur la productivité, peu d'organisations veillent à ne pas recruter, promouvoir ou tolérer ces gaspilleurs de personnes. Cela surprend, car les patrons qui vous empêchent de donner le meilleur de vous-même font exactement le contraire de ce pour quoi ils sont payés ! Il semble qu'on ait oublié, sous l'effet du culte de la personnalité, que le premier devoir d'un patron n'est pas de produire, mais de faire produire. Les patrons doivent découvrir, former, équiper, stimuler et guider toutes les ressources à leur disposition. Ils ont pour tâches premières de motiver, d'organiser et de choisir ceux et celles qui formeront les meilleures équipes pour affronter la concurrence. Lorsqu'il en est autrement, nous avons forcément affaire à un cas d'amnésie collective ou à un sérieux cas de déni de la réalité.

Les mangeurs de chair se croient tout permis parce qu'ils sont patrons, et que leurs ravages ne sont pas quantifiés dans les dépenses. Ils vont même jusqu'à s'entourer de semblables, et réussissent ainsi à infester en peu de temps les entreprises et les organisations où ils se retrouvent.

Et parce qu'ils sont patrons, les travailleurs eux-mêmes les tolèrent, les subissent et tentent par tous les moyens de les satisfaire. Mais comme ils n'y arrivent pas, ils s'épuisent à tenter de les contourner ; ils perdent temps et énergie à tenter de leur résister ; ils deviennent cyniques et indésirables en tentant de se protéger ou de se venger. Dans tous les cas, le grand perdant immédiat, c'est le travailleur, puis l'organisation, et tôt ou tard l'ensemble de la société.

Nous constatons cependant que la transition vers des jours meilleurs est amorcée. Les statistiques et les études sur les effets et les coûts du gaspillage de personnes augmentent et reçoivent de plus en plus d'attention. Les données sur la maladie en entreprise, l'absentéisme, les départs d'experts, les retraites prématurées, les suicides, les griefs, les plaintes et les erreurs sonnent partout l'alarme. Et elles contribuent à l'élaboration de nombreux programmes pour contrer les abus, programmes qui portent sur une gamme très étendue d'enjeux, comme la gestion du stress, la mise en forme, l'antitabagisme, la reconnaissance, la prise en charge, l'appartenance, la qualité de vie au travail, le sens et la spiritualité.

Toutefois, les résultats de ces programmes ne satisfont pas les dirigeants. Et il en sera ainsi tant et aussi longtemps que l'on ne reconnaîtra pas que les employés ne sont pas la principale cause d'une faible productivité. Ces programmes reposent sur la prémisse que les employés sont stressés, paresseux, malhabiles, incompétents, déloyaux, démotivés... et qu'il s'agit là d'incontournables. Or, les analyses et les pistes de solutions qui les accompagnent démontrent clairement que le problème du gaspillage de personnes existe bel et bien, qu'il est sérieux, et qu'il est grand temps qu'on l'examine sous un autre angle.

Ce livre s'adresse à vous, victime d'un mangeur de chair. Votre patron ne changera pas s'il obtient ce qu'il veut de vous et de l'entreprise malgré ses comportements inappropriés, intolérables et improductifs. Vous avez le pouvoir de changer les choses.

Ce livre s'adresse à vous, patron qui n'êtes pas mangeur de chair, qui ne voulez pas le devenir, mais qui sentez la pression de vous conformer à ce style de leadership.

Ce livre s'adresse enfin à vous, organisation qui souhaite repérer et écarter ses mangeurs de chair pour retrouver l'équilibre et une performance supérieure.

1.

Le phénomène des mangeurs de chair

Le phénomène des mangeurs de chair prend sa source dans le rôle que les patrons ont à jouer. Il se perpétue à travers le mensonge qu'entretiennent les leaders. Il se manifeste au quotidien dans les relations des dirigeants avec leurs employés et avec l'organisation.

LE RÔLE DES PATRONS DANS LA CRÉATION DES MANGEURS DE CHAIR

Les patrons sont des mangeurs de chair potentiels. Parce qu'ils ont la responsabilité d'atteindre des objectifs, ils exigent, ordonnent et façonnent la vie quotidienne au sein des organisations. Dans le brouhaha de l'action, ils bousculent. Ils prennent des décisions qui heurtent des personnes et mettent fin à des rêves. Il arrive ainsi qu'un talent leur échappe, qu'ils écrasent de bonnes idées, et refuse les avis de gens expérimentés et dévoués. Ils détruisent au passage des œuvres de plusieurs années, ou même de toute une vie, affirmant que c'est inévitable, sinon nécessaire. Tous les patrons sont des mangeurs de chair potentiels, mais tous ne le deviennent pas.

> Tous les patrons sont des mangeurs de chair potentiels, mais tous ne le deviennent pas.

Les recherches sur la personnalité des leaders montrent que les gens en position d'autorité ont des comportements plus agressifs que les autres dès lors qu'ils jouissent d'un certain pouvoir. Ils sont plus fermes. Ils ont tendance à être moins sensibles à la réalité des personnes de leur entourage. Ils ordonnent plus qu'ils demandent. Ils affirment plus qu'ils questionnent. Et ils accordent plus de crédibilité aux gens qui, comme eux, se montrent plus affirmés, plus catégoriques et plus combatifs.

Le véritable mangeur de chair se distingue malgré tout assez facilement parmi les leaders. Car, quel que soit son camouflage, son engagement reste faible sinon nul envers l'organisation et sa raison d'être, inexistant envers les employés qui y consacrent leurs talents et connaissances, et inégal envers clients et fournisseurs. Le mangeur de chair ne s'efforce pas de découvrir ou de faire s'épanouir de nouveaux talents. Les clients ne reçoivent son attention que dans la mesure de ses intérêts. Et les personnes qui pourraient l'empêcher d'aller de l'avant, ou simplement questionner ses décisions et intentions sont tout simplement évincées ou écrasées.

À tous les niveaux d'une organisation, les comportements des patrons oscillent entre les deux pôles du rôle qu'ils ont à jouer : inspirer et organiser. Du cadre de premier niveau jusqu'au PDG, ils portent la vision qui guide les troupes. Ils sont garants de l'ordre qui permet de bien travailler. Le tableau qui suit énumère les comportements caractéristiques du leader à ces deux pôles.

LEADER QUI INSPIRE	LEADER QUI ORGANISE
Partage des hypothèses et oriente	Formule des règles, énonce des principes
Consulte et discute idées et objectifs	Compare les données et les personnes
Cherche les meilleures solutions	Se conforme à la norme établie

Crée des alliances, travaille en réseau	S'inscrit parmi les compétiteurs
Responsabilise	Désigne des responsables
Exprime le sens du projet global	Vise un objectif, une étape
Encourage, reconnaît l'expertise	Juge, évalue
Assemble, amalgame	Trie, catégorise
Tolère les zones grises, les interrogations	Combat le flou, l'imprécision
S'entoure, prend conseil de sources variées	Recherche de bons exécutants
Mise sur les attitudes et les comportements	Mise sur les structures et les procédures

Un patron fait tout cela. Un patron *doit* faire tout cela. Au gré des situations complexes et délicates, il développe sa sensibilité aux comportements qui favorisent créativité et dépassement, tout comme à ceux qui garantissent ordre et discipline. Il équilibre ses interventions en utilisant les habiletés commandées par la situation ou par les besoins de ses collaborateurs. Du coup, il se fait tantôt inspirant, tantôt organisateur.

Un patron fait tout cela. Un patron *doit* faire tout cela.

Le leader inspirant au jugement sûr incarne le visionnaire. Il donne toute leur ampleur aux rêves de l'organisation, et toute leur place aux talents qui gravitent autour de lui. Le leader inspirant dont le jugement laisse à

27

désirer devient le fou aux idées de grandeur qui peut mener l'organisation à la ruine. C'est un mangeur de chair.

Le leader organisateur au jugement sûr incarne le champion du contrôle, de l'ordre et de la rigueur. L'organisation sous sa gouverne produit de la qualité. Le leader organisateur dont le jugement laisse à désirer tourne au tyran angoissé et compulsif. C'est un mangeur de chair.

Les comportements du mangeur de chair sont contraires à ceux du leader inspirant ; ils s'apparentent plutôt à ceux du leader organisateur poussés à l'extrême. Or, sous le fardeau de la tâche et aux prises avec l'exigence de générer toujours plus de profits, beaucoup de patrons deviennent mangeurs de chair.

Une formation en éthique ou en philosophie – pour départager le convenable et l'inacceptable, le juste et l'inadéquat – qui susciterait une réflexion sur les abus et les effets indésirables de leurs décisions ne fait malheureusement pas partie du curriculum de nos dirigeants actuels ou futurs.

LE MENSONGE DES PATRONS

Les dirigeants d'organisations proclament toujours que la ressource humaine est l'actif le plus important, l'atout le plus précieux qui soit. Jour après jour, des milliers de gens vont travailler animés du désir de bien servir et d'offrir le meilleur d'eux-mêmes à leur entreprise. Ils veulent montrer ce dont ils sont capables. Ils veulent comprendre et apprendre. Ils aiment leur travail. Tout semble en place pour assurer nos entreprises de performances remarquables.

Pourtant, on nous rebat les oreilles de sombres constats sur une productivité qui laisse à désirer. L'absentéisme s'accentue à peu près partout. Nous travaillons moins d'heures que dans les pays concurrents. La main-d'œuvre n'est à bien des endroits ni assez nombreuse ni assez qualifiée, et le courant du déclin démographique commence à peine à faire sentir son influence. On nous dit parallèlement que nous n'avons pas les moyens de maintenir notre système de santé, d'améliorer notre système d'éducation, de refaire et d'entretenir nos infrastructures routières, d'aider les aînés, d'accueillir les immigrants...

Quelque chose cloche.

Même lorsqu'elles affichent des profits enviables, les entreprises procèdent à des mises à pied massives et demandent aux travailleurs de faire des sacrifices pour assurer la continuité des opérations. Maints sondages démontrent que beaucoup de travailleurs attendent la délivrance de la retraite, qu'une majorité changerait d'emploi sur-le-champ si une offre leur était faite, et que la moitié d'entre eux partiraient volontiers à cause des attitudes de leur patron.

Quelque chose cloche. Si la personne est la ressource la plus précieuse d'une organisation et qu'à peu près tous les employés veulent généralement bien travailler, pourquoi la prospérité n'est-elle pas plus apparente? Les raisons en sont nombreuses et complexes. Parmi elles figure une longue liste d'excuses pour ne pas s'attaquer au gaspillage quotidien des personnes. Car, une part importante des résultats décevants

29

que l'on nous expose vient du mensonge entretenu en permanence par nos leaders : la personne est la ressource la plus importante de l'organisation.

Les patrons mentent. Il est faux de dire que la ressource humaine est la plus précieuse quand les organisations gaspillent allègrement le temps, les talents, les énergies et les bonnes idées des employés en usant de pratiques et de méthodes de gestion désuètes et inappropriées. Vous les connaissez bien, ces trompeurs qui ne permettent pas à tous de donner le meilleur d'eux-mêmes, les patrons mangeurs de chair qui exercent un leadership d'éteignoir. Au lieu d'inspirer, de stimuler et d'encourager, ils écrasent, minimisent et chassent.

Les patrons mentent.

Actuellement, les patrons ont plus que jamais l'obligation de ne pas gaspiller les idées, les talents et les énergies. Des sommes importantes sont investies pour augmenter – même de peu – la productivité et les parts de marché dans des organisations qui tolèrent et récompensent simultanément de nombreux mangeurs de chair. Or, ces derniers gaspillent bien davantage que les gains et les parts de marché obtenus au prix d'efforts et de coûts exorbitants.

Il est grand temps de se pencher sur le mode de gestion des mangeurs de chair. La remise en question de cette approche à la gestion fournira des solutions beaucoup moins onéreuses que toute autre initiative en cours pour améliorer la productivité. Aucun développement technologique n'est nécessaire. Aucune augmentation de personnel, aucun budget supplémentaire, aucune recherche coûteuse ni aucun consultant n'est requis pour identifier les solutions en question et pour les mettre en application.

Comment faire cesser ce mensonge entretenu jusqu'à très haut niveau ? Pas facile de dire à un patron que sa conduite est pour le moins inacceptable, que sa compétence laisse à désirer et qu'il ou elle n'est pas le héros que l'on proclame. Pas facile et peut-être pas voulu non plus, car il est bien commode, ce mensonge. Il entretient l'espoir, la loyauté, le dévouement des subalternes dont l'engagement est nécessaire pour obtenir des résultats. On continue d'ailleurs de l'entretenir même quand le jeu devient dangereux et que les subalternes, qui ne sont plus dupes, n'offrent plus que la façade de la loyauté et de l'engagement dont ils sont capables.

Il est néanmoins possible de mettre fin à ce mensonge en examinant attentivement le quotidien des employés, ceux à qui l'on ment, les victimes des mangeurs de chair. En examinant aussi certains éléments de la relation du mangeur de chair avec l'organisation. Ces examens devraient fournir l'occasion de redonner l'espoir et la parole aux talents gaspillés, et obliger les mangeurs de chair à répondre des pertes et des coûts de leur gestion des personnes.

Robert Sutton, consultant en ressources humaines et auteur connu, va jusqu'à dire que les organisations devraient tenir pour incompétents les patrons qui ne témoignent aucun respect envers leurs subalternes, leurs collègues, les clients et les fournisseurs, quel que soit par ailleurs leur apport aux résultats. Lui et plusieurs autres s'expriment en faveur de sanctions importantes contre ces comportements nuisibles à la productivité.

LA RELATION DU MANGEUR DE CHAIR AVEC SES EMPLOYÉS

Au-delà de ses rôles et de son discours, le patron incarne l'organisation aux yeux des employés. Ceux-ci jugent dès lors l'organisation équitable ou injuste selon que leur patron exerce la gestion en leur faveur ou à leur détriment. Regardons-le donc à l'œuvre dans les pratiques qui forgent sa relation avec eux.

La performance commence avec des gens heureux, qui aiment ce qu'ils font, et elle se termine avec des gens épanouis par leurs réalisations. Cela dit, même pour les gens heureux, le quotidien ne va pas sans effort. L'effort qui mène à la performance est exigeant. Mais le travail ne tue pas, alors que la gestion des travailleurs tue parfois, et inutilement.

Les gens qui aiment ce qu'ils font savent trouver les outils appropriés. Ils vont vers les collaborateurs. Ils contournent les obstacles et résolvent les problèmes. Ils innovent quand ils sont coincés, consultent quand ils sont confus. Ils stimulent les esprits autour d'eux, redonnent entrain et espoir à ceux qui vivent des moments difficiles. Dans une ambiance saine, tout cela va de soi, mais pas sous la gouverne d'un mangeur de chair. Et beaucoup de gens choisissent des organisations ou sont choisis par des organisations qui vont petit à petit

> La performance commence avec des gens heureux, qui aiment ce qu'ils font.

les éteindre. Le phénomène est parfois temporaire, mais il arrive aussi que les dommages soient permanents.

Mettons certaines pratiques de gestion courantes sous le projecteur pour suggérer des façons de faire autrement et pour les soustraire à l'influence des mangeurs de chair.

L'accueil et l'intégration des employés

Les premières heures dans une nouvelle organisation ou une nouvelle équipe amorcent le processus de l'engagement. Les jours, les semaines et les mois qui suivent le consolident. Pour peu que le rituel d'accueil aille au-delà d'un bonjour et d'une visite des lieux suivie de la remise de documents d'information, l'engagement prend racine. La période d'accueil sensibilise aux enjeux, aux priorités et au fonctionnement de l'organisation. Durant ce temps, qu'ils en aient conscience ou non, les gens rencontrés communiquent plus que des données et des orientations. Ils transmettent de l'énergie, des désirs et de la camaraderie ou du cynisme, de la frustration et du découragement. Le nouvel arrivé apprend vite qui est crédible, qui est craint, qui est apprécié et pourquoi. Il repère les chasses gardées, les projets favoris. Il commence à saisir les connivences, les réseaux et les comportements attendus.

Un milieu ouvert, transparent et serein donnera le goût du dépassement, de l'apprentissage, du partage et de la participation. Sinon, on ne verra que limites, contraintes, normes et structure. Peu d'entre nous accordent assez d'attention aux conclusions tirées de leurs premières impressions. Dommage !

Nouvel arrivé ?

Vos premières impressions vous diront si vous êtes dans une talle de mangeurs de chair. Plus tôt vous en serez conscient, moins vous en serez affecté et plus il vous sera facile de fuir.

Patron ?

Un rituel d'accueil réussi confère une impression indélébile de reconnaissance de la personne et de l'importance potentielle de sa contribution dans l'équipe. La loyauté et la motivation que fait naître le rituel se transformeront – c'est garanti – en productivité et en performance.

La description de poste

À l'embauche, le poste à occuper promet d'être intéressant et stimulant. Il est susceptible d'améliorer votre cheminement de carrière. Il se présente comme une source intarissable d'occasions de créativité et d'acquisition de nouvelles connaissances. On vous encourage à faire preuve d'audace ; votre marge de manœuvre n'a pour limites que vos idées et votre désir de vous surpasser. Bref, la description du poste fait miroiter de nombreuses chances de développement personnel et d'avancement.

Il n'existe aucune loi qui empêche une organisation de se présenter sous son meilleur jour. Il n'y a aucun mal à ce que ceux qui y travaillent et qui l'aiment la présentent sous son meilleur jour. Rêver d'une organisation accueillante et dynamique – facteur d'épanouissement – constitue le premier pas pour qu'elle le devienne. Cependant, en rêver et en parler ne suffisent pas.

Dans l'organisation infestée, le poste qui s'annonçait intéressant et stimulant devient vite routine ou carcan. La frustration remplace l'enthousiasme dès que l'utilisation des connaissances ou la possibilité d'en acquérir de nouvelles s'avèrent difficiles. Le manque de temps et de budget est fréquemment invoqué pour ne pas permettre de faire autrement, pour empêcher l'utilisation de toutes les connaissances ou pour interdire la recherche d'une solution dans de nouvelles avenues. Les limites de l'innovation et de la créativité sont vite atteintes quand il faut faire comme toujours, quand on n'a pas encore fait ses preuves, quand il ne faut ni déplaire ni bousculer. La motivation décline alors peu à peu. Et le phénomène est quasi indiscernable, car la productivité se maintient dans l'ensemble; mais les occasions de l'augmenter passent et se perdent irrémédiablement.

Prendre des initiatives et des risques est la seule façon de devenir un expert. Avoir de l'expérience, c'est connaître l'étendue de ce que l'on sait et pouvoir en faire usage de mille et une façons. Les organisations infestées se distinguent en se comportant étrangement si vous tentez d'innover ou prenez des risques. L'initiative s'avère un succès ? On ne vous félicite que du bout des lèvres, sans manquer de souligner votre désobéissance ou votre manque de rigueur, votre inexpérience ou votre caractère rebelle. Si au contraire vous n'avez pas visé juste, vous paierez très cher votre erreur.

LES TÂCHES ET LE MANGEUR DE CHAIR

La description de tâches est pour le mangeur de chair un outil rigide. Une description de tâches serrée limite l'initiative. C'est

À chaque occasion d'échange entre collègues ou avec un patron, nos connaissances augmentent.

une frontière plutôt qu'une ouverture sur des possibilités. Ainsi, celui qui n'est pas en planification n'a pas un mot à dire quant aux objectifs que l'on fixe. Celui qui n'est pas dans l'équipe de recherche n'a pas à découvrir quoi que ce soit. Et celui qui n'œuvre pas au sein du service responsable des procédés ne doit surtout pas demander des changements aux méthodes ou aux normes.

LES TÂCHES VUES AUTREMENT

La description de tâches ouverte décrirait la part de mission dévolue à l'employé, et le situerait tout simplement par rapport à la structure de l'organisation. Elle soulignerait l'importance du travail de l'équipe, de la collaboration inter-direction et du code de valeurs appelé à régir les activités à accomplir.

L'apprentissage et le développement professionnel

LES ÉCHANGES

Les organisations offrent de multiples occasions d'apprentissage dans l'accomplissement des tâches quotidiennes. À chaque occasion d'échange entre collègues ou avec un patron, nos connaissances augmentent. Nous apprenons que nous avons un allié, une mine de renseignements, un soutien... ou un ennemi. L'échange nous permet de tirer des conclusions sur la compétence de l'autre, sur sa disponibilité à partager, sur ses réseaux et son pouvoir. L'échange nous aide à résoudre un problème, à faire avancer une idée ou un projet, et nous ouvre de nouvelles perspectives. Chaque moment d'échange porte sa vérité, et même le plus anodin de ces moments laisse des traces. L'échange suscite l'admiration et la confiance, ou au contraire la frustration et la méfiance. Même les rencontres qui n'ont pas eu lieu parlent par défaut. Un échange réussi contribue à notre évolution, alors qu'un échange infructueux nous rabaisse ou nous gruge de l'énergie.

LE FLOT D'INFORMATION

Nous apprenons tous de façon différente et à un rythme qui nous est propre. Dans le cadre d'un emploi, nous en venons à identifier nos préférences, nos forces et nos habiletés. Nos connaissances augmentent à la mesure de notre curiosité et de notre recherche de renseignements. Notre expérience s'approfondit dans la variété et la complexité des tâches à accomplir. C'est pourquoi il est de la plus haute importance de mettre à la disposition de tous une information générale de qualité. Plus l'information qui circule est fiable, à jour et accessible, meilleure est la compréhension des enjeux et des besoins de l'entreprise. Tous les séminaires, toutes les conférences internes, les comités et les réunions contribuent à former ceux et celles qui y participent quand ils sont menés avec compétence.

FORMATION OU APPRENTISSAGE

Pourquoi donc les travailleurs se plaignent-ils de manquer de formation, et pourquoi les employeurs trouvent-ils que la formation coûte trop cher ? Parce que les échanges réussis sont moins nombreux qu'ils le devraient et qu'on oublie leurs répercussions sur l'apprentissage et le sentiment de compétence qu'en retirent les individus. Parce que la fluidité de l'information, sa vulgarisation, laisse souvent à désirer. Parce que dans les organisations infestées, la représentation que les dirigeants se font de l'apprentissage et du développement se limite à une formation structurée et encadrée. À leurs yeux, elle ne concerne que l'employé et la direction des Ressources humaines quand l'entreprise en compte une. Grave erreur, et voici pourquoi.

Trop souvent, les cours formels sont organisés et offerts par des spécialistes ou des consultants externes. Les individus peuvent rarement s'y inscrire eux-mêmes et les suivre au moment qui leur convient. Il arrive en outre que la formation soit une récompense réservée à certains, et que l'offre ne porte que sur des techniques précises ou sur le mode d'emploi de nouveaux outils. Nombreux sont encore les dirigeants qui croient qu'il ne faut pas trop gâter les travailleurs et que les heures de formation sont des heures improductives, non rentables. Et plus nombreux encore sont-ils à craindre de développer des gens au profit de leurs concurrents.

L'apprentissage et le développement concernent d'abord et avant tout les individus et leur patron immédiat, et c'est une grave erreur que de les confier aveuglément aux spécialistes. Une erreur qui se perpétue dans les organisations infestées du fait que les mangeurs de chair ne savent pas vraiment ce que vous y faites et ne s'intéressent pas beaucoup à votre développement.

Pour faire autrement

Pour que l'organisation profite pleinement des talents et habiletés de son personnel, les concepts de formation et de perfectionnement doivent être élargis. L'individu et son patron immédiat doivent en porter la responsabilité première, et viser ensemble la gestion des faiblesses et la mise en valeur des forces de l'intéressé. En misant davantage sur tous les modes d'apprentissage d'un individu, sur toutes les activités contributives à son développement ainsi que sur la disponibilité d'une information de qualité, on élargit la portée de la formation et on favorise l'apprentissage du plus grand nombre.

L'appréciation du rendement

Les organisations doivent évaluer leur personnel, et ce, de façon formelle et officielle dans la plupart des cas. Pour demeurer fidèles à leur slogan et faire preuve d'un véritable respect envers les personnes, leur évaluation des gens doit toutefois favoriser leur développement. Autrement dit, le fait de repérer et de récompenser les meilleurs ne doit pas empêcher l'organisation de permettre à tous de s'améliorer – sa performance globale en dépend.

Les formes d'appréciation

Les organisations évaluent le travail d'une personne et son degré de maîtrise au moyen d'un bulletin, d'un formulaire ou d'une entrevue donnant lieu à l'attribution d'une note ou à la formulation de commentaires. L'évaluation est un jugement porté à un moment précis sur la base de facteurs d'ordinaire assez restreints. Il en résulte tantôt une récompense, tantôt une sanction ou – le plus souvent – rien du tout.

LA TRANSPARENCE

Bien que très personnelle, l'évaluation n'en relève pas moins du domaine public, car quoi qu'on en dise, elle n'a rien de confidentiel. Les cancres d'une classe sont connus de tous, et dans une entreprise, tout le monde sait qui a obtenu une promotion ou un gros boni. La réussite ou l'échec importe tellement dans notre vie en société qu'avec l'évaluation, c'est toute la personne que l'on juge. Les effets d'une évaluation faite par un mangeur de chair, dans une organisation infestée, sont par le fait même particulièrement dévastateurs, et plus souvent qu'on le croit.

> Bien que très personnelle, l'évaluation n'en relève pas moins du domaine public, car quoi qu'on en dise, elle n'a rien de confidentiel.

Tous les employés savent s'ils ont été jugés à la même aune ou non. Tous connaissent les véritables motifs derrière les mandats qui leur sont confiés. Et tous savent que certains méritants n'ont pas de récompenses du simple fait que leurs réalisations sont moins visibles, moins prioritaires. Parmi les élus au palmarès des succès, on reconnaît les favoris, ceux dont c'était le tour, ceux qui ont travaillé à rendre le projet visible plus qu'à le mener à terme. Ces constats minent le moral des troupes. On s'accommode de la situation pendant un certain temps, puis vient le moment où l'on découvre que ça se passe différemment ailleurs ; et c'est le départ. Entre-temps, les uns se collent aux favoris ou aux projets qui ont le vent dans les voiles, non par enthousiasme ou par désir de contribuer, mais dans l'espoir d'un peu de reconnaissance. Quant aux autres, ils réduisent leurs efforts, conscients qu'ils n'ont pas de poids dans l'équation de la valeur.

L'ERREUR

Les organisations ont érigé en système simpliste et statique la pratique de l'évaluation des personnes. Comme il s'agit au premier chef d'un processus relationnel, les formes que peut prendre l'évaluation sont infinies, et porteuses d'une grande richesse. Il est par contre impossible de rendre justice aux efforts et aux habiletés d'un individu dans les systèmes aujourd'hui répandus qui se limitent à attribuer une cote périodique, sans échange réel. Impossible, également, de soutenir que la personne est la ressource la plus précieuse quand on la juge constamment au moyen de pratiques inadéquates, injustes et incomplètes.

LA QUOTIDIENNE

Chaque fois qu'un responsable, un patron ou un dirigeant donne une tape dans le dos, cite un collaborateur en exemple ou souligne un bon coup au moment opportun, il fournit à l'intéressé un indice beaucoup plus juste sur son rendement que ne le ferait une évaluation officielle. Chaque fois qu'un employé se voit confier un travail important, une tâche difficile ou une responsabilité accrue en reconnaissance de ses capacités réelles, il sait que son rendement est jugé correctement. Chaque fois que le patron prend du temps pour répondre aux questions de son employé, comprendre ses inquiétudes, expliquer une tâche pour la énième fois, corriger une erreur, améliorer sa technique ou tester ses aptitudes, l'employé comprend qu'on met à sa disposition tous les moyens d'une performance dont il pourra être fier.

LA GLOBALE

Dans un monde où la chasse aux compétences prend des proportions jusqu'ici insoupçonnées, l'organisation qui veut recruter et garder les meilleurs éléments doit davantage percevoir l'évaluation comme un ensemble de moments et de moyens privilégiés propres à favoriser le perfectionnement et à rehausser la performance. Et puisque ce sont les patrons qui font l'évaluation, elle pourrait davantage être le résultat de leurs relations avec les pairs, les clients, les fournisseurs et les employés. Les organisations d'excellence retirent déjà les bénéfices de telles pratiques, mais elles sont encore trop peu nombreuses.

La reddition de comptes

Qu'on l'appelle imputabilité, responsabilité ou reddition de comptes, les organisations infestées en ont fait une épée de Damoclès. Avec la reddition de comptes tombe le couperet des mises à pied et des réductions budgétaires. Les mangeurs de chair brandissent ce concept comme l'ancien directeur d'école brandissait le martinet. Plus que tout, il faut désigner un responsable, mot devenu synonyme de coupable. Si bien qu'on a instauré la peur d'être responsable là où devrait trôner la fierté d'être responsable.

On a instauré la peur d'être responsable là où devrait trôner la fierté d'être responsable.

Les employés

Si vous êtes travailleur, vous savez qu'on vous tient responsable des erreurs, de la faible productivité, des accidents, des échecs, de l'absence d'innovation... Le discours officiel dit que vous manquez d'initiative et d'audace, que vous ne prenez pas assez de risques. Vous êtes responsable des rejets, des déchets et du gaspillage. Vous êtes en fait responsable de tout, même si vous manquez de ressources et que les budgets ont été alloués sans égard aux besoins réels. Vous êtes même responsable des produits des mauvais fournisseurs qu'on vous a imposés. Peu importe que les objectifs soient irréalistes et que les délais soient déraisonnables, vous êtes responsable!

Aucune excuse ne tient. Résultat: que les objectifs soient atteints ou non, nombreux sont ceux et celles qui sortent de l'aventure frustrés, cyniques, démotivés, épuisés et malades. En fin de compte, que les objectifs soient atteints ou non, on vous obligera à prendre une retraite prématurée, on vous mettra à pied, en pénitence dans un poste moins intéressant, ou carrément au rancart. Et si, comme cela arrive fréquemment, vous vous êtes surpassé et avez dépassé les objectifs, n'attendez aucun remerciement. On dira que vous auriez pu le faire avec plus d'efficacité, de célérité ou d'élégance; bref, vous n'en ferez jamais assez.

Les cadres

Si vous êtes cadre, vous êtes responsable des ressources, des outils et équipements, de l'allocation des budgets et des résultats, il va sans dire. Vous êtes responsable malgré les contraintes imposées par les dirigeants, les propriétaires et les actionnaires, et vous l'êtes généralement dans les limites des normes et des lois. Cependant, vous bénéficiez d'un avantage sur les employés. Et plus vous êtes haut placé dans la hiérarchie, plus cet avantage joue en votre faveur. C'est que, contrairement aux employés, vous avez des excuses : la conjoncture, les marchés mondiaux, la concurrence, la productivité telle que définie par les banquiers et les économistes, la rareté de la main-d'œuvre compétente et parfois même un désastre, naturel ou pas.

Notre maîtrise en gestion est grande.

Et si vous êtes cadre mangeur de chair, ces excuses font en sorte que, peu importe que les objectifs soient atteints ou non, vous serez tout de même généralement promu ou récompensé, et vous continuerez à faire partie de l'équipe chargée des décisions sur l'avenir de l'organisation. Vous pourrez ainsi choisir les solutions que dicte la situation de l'organisation aux nombreux problèmes que vous aurez causés ou aggravés.

LA RELATION DU MANGEUR DE CHAIR AVEC L'ORGANISATION

Les activités indispensables à la vie et à la bonne marche des organisations découlent de siècles de pratique. L'Empire romain et, avant lui, l'Empire perse les exerçaient déjà au profit de leur monde respectif. Nous pouvons donc affirmer sans trop de risque de nous tromper que notre maîtrise en gestion est grande. Nous savons y faire. Et pourtant, malgré une fabuleuse trousse à outils offrant un éventail complet de techniques de gestion éprouvées, nous voyons se multiplier les constats de piètre performance.

J'estime pour ma part que les mangeurs de chair abîment les organisations du fait qu'ils sont d'abord et avant tout en quête d'une renommée éphémère, et qu'ils privilégient du coup un haut rendement à court terme plutôt que de mener leurs troupes vers les sommets d'une performance durable. Voyons maintenant leur conception tout à fait particulière de certains éléments de leur relation avec l'organisation.

Des mandats courts pour dirigeants ambitieux

Les organisations entament généralement un virage important en désignant un chef de projet, en nommant un nouveau cadre de direction ou un nouveau PDG. Les mandats ainsi confiés présentent généralement deux importantes caractéristiques: ils sont de courte durée et exigent une réduction des dépenses tout en garantissant une augmentation immédiate des profits ou de la productivité. Petites, moyennes ou grandes, les organisations sous la férule des mangeurs de chair ont à vivre les mêmes difficultés et subissent les mêmes dégâts.

LE CHOC DANS LES TROUPES

Ce genre de virage provoque un choc grave dans une organisation. Une école de pensée clame que plus vite on brasse la cage, plus vite une autre routine s'installe et plus vite la vie revient à la normale. Il est sans doute vrai que l'organisation ne doit pas tarder à prendre des décisions et à passer à

Dès le signal de départ d'un changement, la direction doit s'expliquer.

l'action une fois les orientations adoptées et annoncées. Néanmoins, tout comme, à la suite d'un deuil, le fait de s'affairer constamment n'empêche pas les moments de tristesse, les membres d'une organisation qui n'a pas respecté un cycle de changement raisonnable restent vulnérables et prennent davantage de temps à se réinvestir à fond.

L'ATTITUDE DE LA DIRECTION

À l'annonce d'un changement majeur, les réflexions, les hypothèses et les rumeurs vont bon train sur les déplacements, les rôles et les activités de tout un chacun. Les personnes crédibles et les grands bavards donnent le ton. Quoi qu'il en soit, le changement sera serein et peu perturbateur ou anxiogène et improductif, selon la maturité de l'organisation, la compétence des porteurs de changements et la fluidité de l'information avant l'annonce.

Le traitement accordé par la direction aux inquiétudes, aux attentes, aux frustrations et aux messages du personnel détermine le succès plus ou moins rapide du projet ou son échec plus ou moins retentissant. Que le plan lui-même soit le meilleur du monde ou très quelconque n'y changera rien. Le plan le plus ordinaire d'une direction crédible produira en effet des résultats supérieurs au meilleur des plans d'une direction qui n'a pas la confiance du personnel.

LE CONTACT AVEC LE PERSONNEL

Dès le signal de départ d'un changement, la direction doit s'expliquer. Une information claire et largement diffusée à tous les échelons favorise la participation des employés. On ne peut pas contribuer à améliorer ni à construire ce qui nous semble vague et incompréhensible. Plus les avis du personnel sont pris en compte, plus son enthousiasme grandit. Les personnes qui collaborent à une démarche de changement savent mieux répondre à ce que l'on attend d'elles par la suite et adoptent rapidement de nouveaux comportements.

Trop souvent, la durée des mandats de changement est si courte que l'ampleur de la tâche rend les responsables obsédés par les résultats. Ils ne voient plus qu'échéances et colonnes de chiffres. L'information se limite à une vidéo du grand patron suivie de quelques mémos ; les consultations sont confiées à une firme externe ; et la mise à contribution du personnel se résume à quelques nominations à des comités ou groupes de travail. Entre-temps, vous devez faire comme si de rien n'était et espérer qu'il se trouve près de vous l'un des rares patrons ou collègues dans le secret des dieux.

LES PHASES D'IMPLANTATION

La décision de changement prise, l'organisation s'apprête à traverser les quatre phases universelles de son implantation.

1. **LA PHASE D'ORGANISATION** consiste à apprivoiser les enjeux, à faire le tri dans les objectifs, à valider les hypothèses sous-jacentes à la décision de changer, et à élaborer le cheminement de transition. Elle débute par l'annonce des changements et se termine par la diffusion du plan de transition. Elle est plus ou moins longue selon la compétence des responsables, l'ampleur

des changements et l'état dans lequel l'organisation se trouve. Lorsqu'elle est escamotée ou entreprise à huis clos, le personnel sait avec certitude qu'on lui a menti sur la valeur qu'on accorde à ses besoins et sur le respect qu'on lui manifeste. Les mangeurs de chair sont alors à l'œuvre, et tous le savent.

2. **LA PHASE DE MISE EN ŒUVRE DES CHOIX** qui suit amène le personnel à scruter toutes les décisions à la loupe. Elle lui donne la mesure de la cohérence et de l'intégrité de la direction. Cette période est elle-même plus ou moins longue selon le nombre et le type d'autorisations requises, les pouvoirs en cause, les occasions du marché et l'état des environnements internes et externes. Réalisée en catimini, elle est génératrice de victimes visibles et nombreuses, et révélatrice d'intérêts vaguement reliés à l'organisation. Imposée sans préparation, elle sème le désarroi et le cynisme. Le stress commence à faire son œuvre sur la motivation, et la crédibilité de la direction continue de chuter.

3. **LA PHASE DU CYCLE D'AFFAIRES** se met en branle sous le signe d'un nouveau look. Tous apprivoisent leur nouvel environnement. On ajuste les règles et les procédures, on s'adapte à de nouveaux outils et à d'autres personnes, et l'on prend de nouvelles habitudes. Ainsi remaniée, l'organisation traverse son premier cycle d'affaires. Pour certaines, le cycle de production ou de livraison est annuel, alors qu'il est plus long pour d'autres. Mais pour toutes, la période d'ajustement après un changement majeur devrait au moins être de la durée du cycle d'affaires. L'organisation ne peut en effet considérer que toutes ses composantes ont été

ajustées qu'après un cycle complet couvrant ses principales obligations légales et financières.

Les responsables des changements — ceux qui les inscrivent à leur CV à titre de réalisations — ont souvent quitté l'organisation avant la fin de cette période. Ils étaient en mode «commando». À les voir passer d'une organisation à l'autre, on pourrait croire que ce mode d'intervention est l'unique moyen de changer une organisation. Mais vous savez comme moi qu'il n'en est rien.

4. **LE RODAGE.** Le processus de transformation ne se termine pas par le bilan, mais par le rodage des ajustements que le bilan a commandés. Il ne s'agit pas ici du bilan des résultats, du bilan financier, mais plutôt de l'identification des mauvais choix, des décisions inappropriées et des erreurs de diagnostic. Nul n'est parfait, et le personnel d'une organisation — les analyses en font foi — ne tient pas rigueur à ses dirigeants de se tromper, ni même de ne pas réaliser ce qu'on lui avait promis. Les personnes blâment leur organisation pour ce qu'elles n'ont pas fait quand elles étaient en mesure de le faire.

Bilan en main, les sanctions exemplaires pour les erreurs d'une période de rodage sont à proscrire. Plus jamais un individu ne va se porter volontaire pour relever un nouveau défi si la peine de mort l'attend à la moindre maladresse. Le bilan terminé et les ajustements décidés, les dirigeants doivent diffuser l'information sur les constats qui ont mené à ces ajustements. L'information permet alors d'approfondir la compréhension de tous et de raffermir la cohérence des changements.

Des mandats trop courts encouragent la prise en charge des éléments d'implantation du changement dans leur superficialité. Ils obligent les titulaires à produire des résultats rapides, et compromettent le respect du cycle de changement. Un temps précieux se perd dans une atmosphère de perpétuel recommencement. Dans de telles conditions, peu d'employés goûtent la sensation d'accomplissement nécessaire à un véritable apprentissage. Les organisations qui continuent de recourir à des commandos perdent ainsi petit à petit leur capacité d'innover et de corriger le tir rapidement aux moments opportuns.

Les commentaires de ceux et celles qui ont vécu ce genre de mandat sont unanimes. Ils lancent un plaidoyer éloquent en faveur de mandats de changement sous le signe de l'information et du respect de l'histoire corporative, et où l'engagement des patrons est réel.

La réorganisationite aiguë

UN MODÈLE IDÉAL

Les publications sur le sujet ne se comptent plus, et force nous est de conclure qu'aucune forme de structure ne favorise la performance plus qu'une autre. On trouve dans tous les moules des organisations à succès et d'autres qui ont échoué. La structure ne garantit donc en soi ni les résultats, ni le contrôle, ni le respect des rôles. Ce sont les gens qui l'animent qui la rendent performante quand ils la connaissent, la comprennent, et qu'elle leur convient.

Comme l'organisation du travail adaptée au contexte est celle qui réussit le mieux, nous devons constamment laisser évoluer les structures. Les changements à la structure au fil du temps ou au moment d'un bouleversement dû à une conjoncture particulière sont une chose. Le remplacement brusque et complet d'une structure par une autre tous les deux, trois ou quatre ans sans impératif ni respect de continuité en est une autre.

Les restructurations fréquentes nuisent à la performance.

Depuis 30 ans, des milliers de travailleurs ont fait les mêmes constats et apportent les mêmes réponses, blasées et cyniques, aux questions sur les réorganisations répétées.

- Pourquoi la structure importe-t-elle? *Pour que le boss sache ce que je fais.*
- Qui sert-elle? *Ceux qui veulent la changer.*
- Quand en change-t-on? *Chaque fois qu'elle empêche un projet de tourner comme le boss l'entend.*
- Qui participe à sa redéfinition? *Ceux dont le pouvoir sera élargi et ceux qui croient que leur pouvoir sera élargi.*
- Le changement de structure règle-t-il des problèmes? *Il ne fait que les déplacer.*
- Est-il source de créativité? *Rarement.*
- Y a-t-il une structure idéale? *Non.*

Les restructurations fréquentes nuisent à la performance. La recherche du contrôle et du confort des dirigeants semble ici plus importante que les effets d'une structure ou d'une autre sur l'ensemble des membres de l'organisation.

Une réflexion s'impose. Devons-nous vraiment poursuivre ce dangereux manège pour assurer la survie de nos organisations ? Sommes-nous prêts à changer nos façons d'interpeller et d'encadrer les personnes pour les soustraire au contrôle des mangeurs de chair ? Avons-nous le désir de favoriser les conditions d'émergence de tous les performants ?

TÉMOIGNAGE

Jean et Louis ont pris l'habitude de marcher après le lunch. L'occasion est bienvenue de se retrouver pour échanger sur les dernières décisions corporatives. Louis se décourage, ces derniers temps, car les promesses de nouveaux défis, de modernisation des processus et de projets frais qu'éveillait l'arrivée d'un nouveau PDG s'envolent.

Durant les premiers mois de son mandat, le nouveau boss a circulé dans les équipes de l'entreprise. Il a rencontré des gens de toutes les divisions, il a échangé avec le personnel et les cadres de tous les échelons, et il semblait nourrir un intérêt véritable pour les objectifs et l'ensemble des éléments de l'organisation.

Aujourd'hui, Jean et Louis constatent que les changements à la structure organisationnelle ont servi à enrichir les postes que le nouveau patron a offerts à des copains. Il a déplacé et rétrogradé sept des onze membres de la direction, et les sept nouveaux venus sont de la même université que le patron ou ont été promus à leur niveau actuel par lui dans les dix dernières années. Plus triste encore pour les gens de l'interne, les quelques concours tenus récemment donnent lieu à des constats similaires : beaucoup de diplômés de la même cuvée, au cursus semblable à celui du boss.

Louis apprend de Jean que les paris sont ouverts sur le sort d'un huitième membre du comité de direction. Ses responsabilités ont déjà été amputées pour agrémenter le poste d'un ami du grand patron, et l'intéressée, car il s'agit d'une femme, serait bientôt éligible à la retraite. La rumeur veut que le patron ait offert de faciliter ses derniers mois, et tous ont pu observer qu'il était plutôt odieux avec elle – elle aurait refusé de s'écarter de son plein gré.

Depuis des semaines, les Ressources humaines tentent de convaincre Louis de se présenter à un poste affiché. Mais comme il a déjà fait trois essais depuis un an et demi, et que, dans des circonstances où ses compétences étaient tout à fait appropriées, on lui a préféré un externe – une vieille connaissance du boss –, il est pour le moins échaudé. Le discours de la direction des Ressources humaines se veut pourtant encourageant. Louis doit comprendre que le nouveau PDG voulait faire entrer du sang neuf, et que tout est maintenant possible pour ceux qui, comme lui, sont compétents et performants.

À l'arrivée du nouveau patron, Jean, plus expérimenté que Louis, lui avait suggéré d'attendre au moins six mois avant de plonger dans les projets de la nouvelle administration. Lui-même s'est tout simplement tenu à l'écart et limité à faire ce qu'on lui demandait. Il a bien posé des questions au début pour s'assurer de comprendre, mais n'ayant obtenu que des réponses vagues, il évite de s'engager et documente absolument tout. Il craint toutefois d'être blâmé si jamais les choses ne tournent pas à la satisfaction des nouveaux patrons. Plus près de la retraite que Louis, il ne désire pas changer d'organisation. Mais il ne fait plus d'heures supplémentaires non rémunérées, il ne vole plus aussi souvent à la rescousse de collègues débordés, et il s'implique de plus en plus dans des activités extérieures à l'entreprise.

De son côté, Louis aime cette organisation, et a en tête de nombreuses idées pour améliorer sa performance. Il ne souhaite pas aller ailleurs, mais ne se sent pas non plus capable de rester en attente pendant des années. Jean lui suggère de parler à certains collègues partis récemment et à d'autres qui y songent. Louis est en outre troublé du fait que les sept membres du comité de direction limogés étaient bien cotés et crédibles dans l'ensemble de l'organisation. Et il sait que dans les rangs, on connaît déjà des difficultés. Les erreurs de tous ces nouveaux ignares à la réputation surfaite pointent une à une. Si bien qu'à la base, la performance décline dans des secteurs importants, même si les statistiques ne le montrent pas encore.

Les journaux d'affaires font l'éloge de ceux qu'ils appellent les grands leaders, les dirigeants talentueux, les champions de la performance. Nombre d'entre eux n'ont pourtant fait que reproduire la même recette dans toutes les entreprises ou organisations où ils ont œuvré. Il paraît d'ailleurs douteux que, dans le monde complexe des années 2000, ces organisations se trouvent toutes au même stade d'évolution !

UNE NOUVELLE DÉFINITION DE LA STRUCTURE

Ne pourrions-nous pas concevoir une structure comme le reflet de besoins à satisfaire, le moyen qu'un groupe d'individus choisit pour vivre ensemble l'aventure de la performance ? La structure permet à des humains de contrôler d'autres humains. À partir du moment où un groupe en pleine possession de ses compétences professionnelles sait de quoi il retourne et choisit de s'accomplir dans un travail, la structure peut devenir superflue. Dans nos organisations à maturité, le contrôle des personnes pourrait ainsi céder la place à l'organisation des idées et à la canalisation de la créativité.

Une planification déconnectée

Les plans les plus sophistiqués et les plus remarquables élaborés en vase clos par des gens déconnectés de la réalité de l'organisation, sans connaissance suffisante du contexte, sont des catastrophes en puissance, des bombes à retardement. Leurs effets ont un pouvoir de dévastation insoupçonné. Peu expliqués et mal compris, les plans ne peuvent avoir l'effet rassembleur nécessaire à la performance.

Or, même lorsque les plans sont inadéquats, l'organisation tente de les réaliser envers et contre tout. Certains groupes se mettent à la tâche avec zèle alors que d'autres ne lèvent pas le petit doigt. Parmi les plus enthousiastes, d'aucuns commettent des erreurs et se voient taxer d'incapables, d'incompétents ou d'idiots, puis sont écartés. D'autres osent des interrogations, mais leurs questions ne doivent pas exposer les limites des plans adoptés ou l'incompétence de leurs auteurs s'ils espèrent une réponse. Sinon, ils risquent de se voir coller une étiquette de «lents à comprendre». Quant à ceux qui tentent d'enrichir les travaux ou qui ne suivent pas instantanément la voie tracée, ils remportent l'étiquette de «résistants au changement».

Sous l'influence des mangeurs de chair, ni la direction ni les faiseurs de plans ne s'attribuent jamais le moindre tort. Tableaux à l'appui, leurs chiffres sont en équilibre et leur fournissent l'occasion de frapper fort, de faire une annonce, de positionner leur carrière, de plaire au public ou aux actionnaires. Aux employés qui voudraient comprendre, on dira qu'ils n'ont pas besoin de savoir. Quant à simplifier ou alléger le contenu pour favoriser la compréhension du plus grand nombre, c'est impossible, car tout est complexe et pressant. Aurait-on pu informer et consulter davantage? La réponse assurée de la part des mangeurs de chair arrive vite: les employés ne comprendraient pas; ils ne sont d'ailleurs pas intéressés. Et tourne le cercle vicieux du mépris.

Ces leaders croient gérer efficacement leur temps en énonçant simplement et rapidement leurs orientations. Ils s'attendent à ce que collègues, collaborateurs, employés et partenaires en saisissent toute la portée dans une déclaration annuelle, un discours d'appoint ou quelque séance d'information. Mais la réalité est tout autre. Dans de telles conditions, même les gens animés des meilleures intentions et parmi les plus compétents ne comprennent qu'une partie des projets de leurs supérieurs. Ils ne peuvent donc mettre qu'une partie de leur talent au service de l'organisation.

- Quand un dirigeant croit que les membres de l'organisation comprennent tout sans partage, ils le jugent incompétent.

- Quand il les croit incapables de comprendre, eux y voient du mépris envers leur engagement.

- Quand il ne communique pas ses intentions régulièrement et à plusieurs niveaux, eux comprennent que l'on ne respecte ni l'expérience ni les connaissances qu'ils ont à offrir.

Et l'on se surprend de voir s'éteindre l'enthousiasme, la contribution, le désir de se dépasser !

Des budgets prétentieux

Les organisations auréolent les équipes responsables des budgets. Ceux et celles qui y travaillent sont dans le secret des dieux, ils détiennent les cordes de la performance. Après tout, l'argent est le nerf de la guerre ! On le proclame, on le pense, on le croit. Et c'est dommage, parce que c'est faux. Tout comme le corps humain, l'organisation possède plusieurs systèmes, et si l'on espère perdurer ou performer en ne s'occupant que d'un seul, la dérive nous guette.

C'est aussi dommage parce que nos dirigeants se pensent toujours sur un champ de bataille, alors que ce n'est pas la réalité de l'employé. L'employé ne va pas à la guerre tous les matins. Il va travailler. Il va servir. Il va construire. Dans l'armée,

> L'employé ne va pas à la guerre tous les matins. Il va travailler. Il va servir.

un soldat doit obéir. L'armée le loge, l'habille, le nourrit et contrôle l'exécution de toutes ses missions. Ce qu'il vit et ressent n'a que peu d'importance. Après chaque mission, on compte les morts, et l'état-major palabre, joue du coude pour l'obtention d'effectifs et décide des prochaines affectations. Les troupes n'ont rien à dire ; elles n'ont qu'à vivre avec les décisions prises en haut lieu.

Dans la plupart des organisations et des entreprises, il en va de même des budgets. Ils sont discutés et répartis aux échelons supérieurs, et les paliers subalternes les reçoivent avec les ordres – pardon, les orientations – pour exécution. Difficile d'en débattre, ne serait-ce que pour mieux les comprendre, et impossible de les influencer. En cours de route, on compte les morts – pardon, les mises à pied – et les invalidités de longue et de courte durée. Il n'y a que peu de place dans le cycle des dépenses pour les enjeux qui changent, les difficultés qui surgissent ou les occasions qui se présentent.

Il arrive que les dirigeants évoquent l'importance de l'écoute de la base, là où se trouvent des solutions, des occasions d'affaires, des économies. Les budgets n'arrivent cependant pas à bénéficier de ces avis. On ne retient en effet qu'un très infime pourcentage des suggestions de la base, dont certaines sont parfois récupérées dans un projet grandiose et diluées au point d'être méconnaissables. Les employés insistent pourtant. Ils proposent des solutions dûment documentées et souvent peu coûteuses, mais se voient répondre qu'on n'a pas les fonds pour donner suite à des projets d'aussi petite envergure.

Aussi précieux et important que soit le budget, il reste un outil dont on tient les employés à distance. Les mangeurs de chair infantilisent ainsi le personnel, de sorte qu'en cette matière, dans de trop nombreuses organisations, un travailleur – même gestionnaire – n'est pas encore un adulte responsable ; il n'est et ne sera toujours qu'un enfant immature et incompétent.

Les systèmes d'information chéris

Ces systèmes fournissent les données nécessaires à la gestion quotidienne des opérations au sein de l'organisation et servent aux prises de décisions de la haute direction. Ils alimentent les états financiers, communiquent avec les clients, annoncent les produits, entretiennent les équipements et remplissent bien d'autres fonctions cruciales à la vie et à la santé des personnes et de l'organisation. C'est donc sans surprise qu'ils consomment une part royale des énergies, de l'attention et des budgets. Car, contrairement aux plans et aux budgets, à peu près tout le monde dans une organisation les utilise.

LA CRITIQUE

Les systèmes en place font l'objet de moult critiques. Ils servent de levier aux as de la performance et de prétexte aux échecs des incompétents, des complaisants et des insouciants. Une transaction accuse du retard ou une erreur se glisse dans une facture ? C'est la faute du système. L'inventaire n'est pas à jour ? L'ampleur des pertes financières demeure inconnue ? Votre compte bancaire est inaccessible ?

Un terroriste a échappé aux douanes ? Encore et toujours la faute du système.

En pareilles situations, donner une explication simple au public, à ses clients ou à ses employés relève du bon sens. Lorsqu'au sein d'une organisation, des dizaines de personnes se plaignent de leurs systèmes jour après jour, il y a là un signe de paresse ou de mauvaise volonté. Vous voulez avoir l'heure juste sur la qualité de la gestion de l'humain dans une organisation ? Alors, penchez-vous sur l'évaluation que font les troupes et les clients de ses systèmes.

LA PART DES UTILISATEURS

Les consultations bidon sur les besoins des utilisateurs, les validations d'étapes refusées ou écourtées ainsi que les nombreux essais escamotés sont monnaie courante quand l'organisation décide de se doter d'un nouveau système ou de transformer celui qu'elle possède. Les experts, externes pour la plupart, qui doivent guider les membres de l'organisation jouent les pontifes qui bousculent, manipulent et menacent sans relâche en brandissant le spectre des délais et des coûts. Les dirigeants et les responsables de projets sous-estiment généralement les effets démotivants et stressants de ces pratiques dans l'ensemble de l'organisation. Il leur suffit d'invoquer le manque de temps, et tout continue comme si de rien n'était.

Pourtant, il y a bien un responsable ! Il est évident que quelqu'un n'a pas évalué les efforts requis, a écourté le temps nécessaire à la transition, ou n'a pas contrôlé adéquatement le déroulement des étapes à suivre pour effectuer le travail de façon appropriée. Nul ne conteste que des projets complexes et de longue haleine vont sans doute connaître des débordements, mais les comportements déficients dont il est ici question sont devenus la norme.

Les analyses de l'OCDE sur la gestion des grands projets informatiques révèlent que plus de 60 % d'entre eux dépassent leurs coûts, ne respectent pas les échéanciers, ne remplissent pas les engagements d'origine et ne répondent pas de façon satisfaisante aux besoins de base des utilisateurs. Il va de soi qu'il est impossible de faire plaisir à tout le monde ; ce n'est donc pas de cela qu'il est ici question. Il s'agit plutôt d'atteindre un taux de satisfaction raisonnable, à même de limiter le temps d'ajustement, de formation et de rodage d'un nouveau système afin qu'il contribue au plus vite à augmenter la productivité de toute l'organisation.

C'est encore le manque de temps qu'on invoque pour balayer les préoccupations liées au contexte et à l'environnement dans lequel va s'intégrer un nouveau système. Les propos des vieux routiers sur les routines historiques, les traitements d'exception, les demandes des clients ou du public sont rarement pris en compte. Ils permettraient pourtant une intégration plus harmonieuse et un rodage plus rapide.

Les systèmes touchent la vie de tant de gens dans une organisation que leur choix et leur développement tiennent à cœur à tous ses membres. Il est facile de savoir ce dont les travailleurs ont besoin. Les dirigeants reçoivent plus de commentaires que nécessaire. Que ce soit sous forme de critiques ou de suggestions, peu importe. Mais au lieu de canaliser cette information et cette énergie de manière à maintenir l'enthousiasme, le mangeur de chair gaspille son temps à repousser l'avis des uns et des autres. Il fait fi de l'expérience et de la bonne volonté de nombreuses personnes, et éteint ainsi encore et encore ceux et celles qui veulent et qui savent faire.

Seules les organisations non infestées réussissent l'implantation de nouveaux systèmes avec satisfaction, et elles ne sont pas nombreuses. Il n'y en a en fait que 40 % selon les dernières données quinquennales publiées par l'OCDE.

Les projets vedettes

De toutes les activités à gérer, le projet appartient à une catégorie à part. Il possède en effet beaucoup de caractéristiques qui facilitent la gestion de la dimension humaine de l'organisation.

Ses objectifs s'énoncent clairement, car il a fallu des autorisations et des budgets pour lui donner jour. Il bénéficie d'une certaine notoriété qui favorise la reconnaissance et l'esprit de corps chez ceux qui font partie de l'équipe. Pour en assurer le succès, les dirigeants mettent beaucoup de soin à choisir son responsable, qui recherche lui-même à son tour de bons joueurs et veille au moral des troupes tout au long du parcours. Ainsi donc, au nom de la performance et de l'épanouissement des personnes, gérons davantage en mode projet !

Excellent réflexe, pour peu qu'on prenne garde d'éviter certains pièges. Il faut notamment accorder une attention particulière à la nature et au nombre des projets. Les projets peuvent parfois déstabiliser et démoraliser les personnes chargées d'assurer la continuité des opérations quotidiennes, en ce qu'ils grugent dans leurs horaires et accaparent leurs ressources. Les équipes de projets font appel à leur expertise, à leurs connaissances du milieu et des opérations, mais ne le reconnaissent pas toujours. Les honneurs, les bonis et les promotions vont plus souvent aux membres des équipes de projets qu'aux collègues affectés aux activités régulières. Par ailleurs, une fois le projet terminé, peu d'organisations savent réintégrer les ressources et profiter de leurs nouvelles compétences pour en multiplier les effets dans l'organisation.

Le mangeur de chair gère ses projets sans doigté ni égard envers les personnes. Il prive l'organisation de toutes les nouvelles compétences acquises par les nombreux participants à l'aventure.

2.

Les victimes et le pouvoir de changer les choses

Le camp des mangeurs de chair maintient qu'il ne faut surtout pas gâter les employés – ils ne sont jamais satisfaits, ils veulent travailler le moins possible et ils peuvent épuiser tous les patrons par leurs incessantes critiques et revendications. Pour le camp des employés, les patrons sont de froids calculateurs qui ne pensent qu'au rendement, aux résultats et aux profits, et qui n'hésitent pas à presser, à écraser et à abuser pour les obtenir. Ils mentent pour vous faire travailler plus, et ils vous écartent sans ménagement pour un rien, généralement sans prévenir. Deux versions du quotidien au travail, maintes fois validées de part et d'autre. Deux versions d'un dialogue de sourds entre les seules personnes capables de mener l'organisation vers des performances sans pareilles.

Les patrons mangeurs de chair veulent le succès et le pouvoir, mais ne savent pas ce qu'ils veulent pour l'organisation, ne savent pas vraiment ce qui s'y passe, ne savent pas ce que vous faites même s'ils prétendent le contraire ou s'en convainquent eux-mêmes. Un mangeur de chair malhabile vous épuisera, un angoissé vous harcèlera, un tricheur vous méprisera et un compétiteur vous terrorisera. Quelques ouvrages décrivent des personnes aux caractéristiques de mangeurs de chair – sans nécessairement être des patrons – comme des manipulateurs[1], des saboteurs[2] ou, mon préféré, des chiens sales[3].

---

1 HARE, ROBERT. *Snakes in Suits; when psychopaths go to work*, Harper Collins, 2007.
2 ARBOGAST, JACQUELINE, et FRÉDÉRIQUE CHATAIN. *Les saboteurs sont parmi nous*, LER, 2008.
3 SUTTON, ROBERT. *Objectif zéro chien sale*, Transcontinental, 2008.

Quoi qu'il en soit, la seule solution pour la victime du carnage d'un mangeur de chair est la fuite. Mais si vous êtes une victime, la fuite peut ne pas être à votre portée dans l'immédiat. Poursuivez quand même votre lecture. Elle pourrait vous aider à tirer votre épingle du jeu sans trop de dommages, à cesser de vous sentir coupable et à arrêter d'essayer de satisfaire ces gaspilleurs.

> La seule solution pour la victime du carnage d'un mangeur de chair est la fuite.

Vous reconnaissez-vous dans ces témoignages ?

Si vous vous reconnaissez dans les cas et les témoignages qui suivent, commencez au plus vite à vous protéger ! Les situations illustrées se reproduisent des centaines de fois par jour, à tous les niveaux et dans toutes les organisations, petites, moyennes ou grandes. Les victimes ont en commun de tolérer longtemps un mangeur de chair, trop longtemps.

JOSÉE

Après 22 ans dans l'entreprise, Josée abandonne. Elle adore l'organisation, aime son travail, mais n'en peut plus de se faire crier après. Tous les matins, son patron entre en coup de vent, lance un bonjour qui ne laisse pas le temps de répondre, et elle doit le suivre pour qu'il lui remette le contenu de son porte-document.

Dix fois, vingt fois dans la journée, il l'appelle. Peu importe qu'elle soit au téléphone ou en conversation avec un visiteur, il l'interrompt, donne des instructions, demande un dossier, réitère une échéance. Il la fait souvent sursauter en déposant brusquement un document sur son bureau au moment de sortir pour aller à une réunion ou au retour d'un rendez-vous. Il oublie les promesses qu'il fait au hasard de ses allées et venues, puis lui reproche de ne pas donner suite rapidement à ses affaires. Elle l'a maintes fois entendu s'excuser des oublis ou des erreurs de sa secrétaire. Elle porterait volontiers le blâme pour lui permettre de bien paraître; la complicité lui serait facile, mais elle n'en peut plus d'être l'excuse à son manque d'organisation et la cible de son mépris.

Il est son patron depuis six ans. On le perçoit dans l'entreprise comme un homme sympathique, dévoué et compétent, apprécié pour son énergie et sa loyauté. Josée a abordé le sujet de ses malaises avec lui à deux ou trois reprises. Tout en reconnaissant qu'il ne faisait pas dans la dentelle, il lui a conseillé de ne pas prendre cela trop à cœur, l'assurant chaque fois qu'il appréciait son travail. Avec le temps, les dizaines de sursauts par jour, les cris et les hurlements sont devenus intolérables. À la direction des Ressources humaines, on a suggéré à Josée de prendre des vacances plus souvent, mais cela indisposait le patron. Finalement, on lui a fait comprendre que ce monsieur étant important, il lui fallait se résigner.

Depuis le départ de Josée, plusieurs éprouvent du ressentiment envers ce patron qui a fait perdre à l'organisation une personne expérimentée, généreuse et loyale. Josée est partie il y a quelques semaines déjà, et la direction des Ressources humaines se demande pourquoi il n'y a pas foule pour la remplacer.

Josée n'a rien à se reprocher. Elle a géré ce patron de façon correcte et honnête. Elle a eu le courage de soumettre son problème à la direction des Ressources humaines, calmement, sans faire d'éclat. Ni la direction des Ressources humaines ni les dirigeants n'ont été à la hauteur. Une direction compétente et avertie aurait pu aider ce patron à changer, le sanctionner ou le congédier.

BERTRAND

Bertrand fabrique des pièces de machinerie dans un atelier où l'on attend l'arrivée de nouveaux équipements. La direction de l'entreprise a clairement communiqué ses attentes en ce qui concerne la croissance des revenus à la suite de la modernisation des installations. Elle a par ailleurs assuré le personnel que cette modernisation n'allait pas entraîner de mises à pied.

Sur place, on tarde cependant à désigner les équipes responsables des nouveaux outils. On questionne les gérants et les représentants syndicaux sur les préparatifs en vue du jour J. Le plan de transition, les instructions de rodage et la formation restent toutefois mystérieusement secrets.

La livraison des précieuses cargaisons s'effectue dans les délais. Pendant trois mois, les équipes travaillent d'arrache-pied pour déchiffrer des centaines de pages d'instruction. Elles font même des heures supplémentaires pour accélérer l'installation. Après de multiples requêtes, la direction envoie finalement trois travailleurs en formation chez le fabricant. Le deuxième trimestre s'achève avec le bris d'un des convoyeurs et un accident mineur.

La direction dresse un bilan au terme de ces six mois. Elle exprime sa déception et son mécontentement face à une production stagnante malgré toutes ses dépenses pour mettre à la disposition du personnel des outils à la fine pointe. Les employés considèrent avoir réussi un tour de force en apprenant rapidement à bien utiliser le nouveau matériel, et sans recul de production. Ils sont épuisés, mais fiers du travail accompli. Ils ne comprennent pas pourquoi la direction leur fait la leçon, elle qui n'a ni soutenu l'initiative ni participé à l'effort aux moments opportuns.

> Aucune donnée de gestion ne va imputer la productivité perdue aux patrons.

Aucune donnée de gestion ne va imputer la productivité perdue aux patrons. Sans leur gestion déficiente de la modernisation, les bris auraient néanmoins été évités, les troupes seraient en forme, le moral serait au beau fixe, et l'on noterait déjà une croissance de la production. C'est Bertrand le mécanicien qui m'a tenu ces propos ; un gestionnaire compétent n'aurait pas parlé autrement.

LES AMIES RETRAITÉES

La plus jeune retraitée d'un groupe d'amies, infirmières et travailleuses sociales, a fait un témoignage émouvant il y a peu de temps. À son départ à la retraite, elle soutenait qu'elle aimait autant son travail qu'à ses débuts. « J'aimais me préparer à prendre mon poste, disait-elle. J'aimais l'atmosphère de l'hôpital. J'ai fait ma dernière journée avec autant d'enthousiasme que toutes les autres, et je trouve extrêmement triste de voir les débutantes de 22 à 25 ans qui pensent déjà à la retraite. »

Le milieu est infernal! Les patrons sont comme des toupies. Bousculées pour tout et pour rien, blâmées à tout bout de champ, critiquées par tous, les précieuses employées ne sont pas écoutées. Les amies réunies ne tarissaient pas de commentaires et de témoignages propres à décourager toute personne saine d'esprit de choisir cette profession, ou à éclairer tout gestionnaire un tantinet antimangeur de chair sur l'urgence d'assainir ce milieu. Elles citaient à tour de rôle toutes les excuses et les sottises que les directions servent au personnel. Elles avaient toutes conclu à l'impuissance de leurs patrons immédiats du fait des motifs invoqués pour ne rien changer. D'ailleurs, ni la direction, ni le ministre, le syndicat ou le conseil d'administration ne voulait modifier quoi que ce soit. Aucune suggestion ne pouvait avoir de suite avant qu'on ait dûment consulté le personnel, le syndicat, la population et le gouvernement. Une montagne de difficultés surgissait chaque fois, et tout le monde était trop débordé pour élaborer un plan ou prendre les mesures nécessaires pour les surmonter.

Les valeureuses retraitées pouvaient nommer des dizaines de patrons aux comportements décourageants et frustrants pour le personnel. Être informée et entendue, obtenir des explications sur les objectifs à atteindre, participer aux changements d'horaire ou aux choix d'outils de travail, recevoir de la formation... rien de tout cela ne faisait partie de leur quotidien. Par contre, être interpellée rudement, se faire lancer des insultes et des documents, recevoir des ordres contradictoires à longueur de semaine et se faire rabrouer pour avoir voulu fournir des données sur un patient, ça, elles connaissaient.

On dirait que les mangeurs de chair ne croient qu'aux grandes solutions pour faire la différence. Ils n'ont que mépris pour les dizaines de petites améliorations suggérées par la base. Pourtant, prises en compte et appliquées simplement, elles pourraient empêcher la détérioration du climat, sauver de la crise et rehausser la performance.

LA TORNADE BLANCHE

Une ancienne collègue me parlait de la «tornade blanche», le surnom du patron de son unité. Il arrive et repart en coup de vent. Il parle rapidement, et répond à plusieurs questions à la fois. Tous s'arrêtent durant ces courts passages où il donne quelques vagues orientations, formule des commentaires et parle d'échéances. Après, les collègues mettent en commun ce qu'ils ont saisi pour déchiffrer les ordres. Les discussions sont longues et ardues, et n'aboutissent jamais à une certitude confortable.

Comment peut-on penser qu'une telle personne inspire ses collaborateurs? Comment peut-on espérer qu'un tel patron favorise l'efficacité d'une équipe? Quel degré de satisfaction ses subordonnés peuvent-ils tirer de leur contribution? Et comment imaginer qu'ils puissent donner plus que ce que l'on attend d'eux?

Si vous êtes employé, fuyez au plus vite ce genre d'incompétent. Si vous êtes patron, cherchez de l'aide, renseignez-vous et travaillez au développement de votre leadership. Hauts dirigeants, vous devez inciter une telle personne à changer de comportement, lui fournir le soutien nécessaire et le congédier si vous ne constatez aucune amélioration.

HENRIETTE ET SA GANG

Henriette et son équipe ont constaté que le président ne reçoit pas l'information qu'ils produisent. Il ne sait rien des difficultés à assurer la qualité des produits, de la surcharge de travail due à un manque chronique de ressources, de l'inexpérience d'un fort pourcentage de nouveaux venus dans les rangs, des retards dans l'installation d'équipements... Le malaise grandissait dans l'équipe au fur et à mesure que les conversations révélaient l'incroyable vérité : le patron ne discute jamais de l'état des troupes avec le président !

Tout va très bien ; tout va toujours très bien. Le patron veut que le président sache qu'il est parfaitement en contrôle. Imbu d'ambition ? Rongé par la peur ? Obnubilé par l'autorité du président ? L'équipe ne sait trop quoi penser de son patron. Les éloges du président à son égard en ont laissé certains dans un état de rage et en ont profondément découragé d'autres.

Sous de telles conditions, personne ne peut espérer des jours meilleurs dans un proche avenir, et tous doivent désormais penser à organiser leur survie ou à partir.

LE GALA DE LA PERFORMANCE

Ninon et Denis arrivent du gala de la performance, où leur directeur général a reçu un hommage. L'organisation se porte très bien sous sa gouverne, et connaît même une croissance assez impressionnante selon les normes du marché. Tous deux doutent cependant que ces beaux jours vont durer. La gestion n'est en effet qu'image, annonces et coups d'éclat, si bien que l'un et l'autre ont eu peine à reconnaître l'homme de leur quotidien dans les éloges qu'on lui a adressés durant la cérémonie.

Le DG n'est pas un gars d'équipe. Il n'échange avec les cadres que pour s'approprier leurs idées. Sur le podium, il a remercié son épouse et ses coéquipiers, comme il convient de le faire dans ces cas-là. Mais fort de cet hommage, il va leur faire sentir encore davantage la chance qu'ils ont d'être vus à ses côtés de temps à autre. À l'interne, on dirait qu'il n'y a que lui qui travaille. Il sait tout, se mêle de tout et a une opinion sur tout. Il veut tout voir, et insiste pour tout décider. Malheur à vous si vous n'êtes pas au poste quand il vous appelle ou vous envoie chercher.

La compagnie commence à perdre sa jeune génération de spécialistes et de gestionnaires. Ninon travaille à la direction des Ressources humaines, où elle fait les entrevues de départ. Elle sait qu'ils sont de plus en plus nombreux à se chercher des défis ailleurs, car ils ne se sentent ni utiles ni dans le coup.

ARMAND

Armand, assis à son bureau, marmonne. Le grand patron s'apprête à faire le tour des installations et demande un compte rendu sur les dossiers importants. Il va présenter les grandes lignes du rapport annuel, et il veut entendre les cinq chefs de division sur leurs préoccupations quotidiennes. À son dernier passage, il y a deux ans, le syndicat avait demandé un entretien avec lui. Son refus avait déçu, de sorte qu'il avait eu droit à une petite manifestation à son arrivée. Il avait du coup décidé de passer les quelques heures de sa visite à écouter le syndicat, puis était reparti sans avoir salué ses gestionnaires en demandant de lui faire suivre les documents préparés pour sa venue.

Le big boss a une fois de plus rejeté la demande de rencontre du syndicat, si bien qu'Armand et les autres chefs de division anticipent un scénario semblable à celui de la dernière visite. Pour l'heure, le syndicat ne présente aucune difficulté ; aussi ont-ils tenté d'influencer l'agenda du patron de manière à inclure les représentants syndicaux et à faire en sorte qu'il passe un peu de temps sur le plancher avec le personnel. En vain.

Aucun vice-président n'a visité l'usine depuis au moins huit ans. Elle se classe au troisième rang de l'entreprise au chapitre de la productivité, mais les résultats baissent légèrement depuis trois ans. La compagnie a changé de propriétaires trois fois en dix ans, et les équipements prennent de l'âge. Les employés qui partent ne sont pas remplacés, ce qui fait que la charge de travail augmente sans cesse. Compte tenu de l'indifférence de la haute hiérarchie, le sentiment de participation et le désir de contribution se sont effrités. Mais l'équipe de gestion sur place est crédible et expérimentée, de sorte que le travail s'effectue. Aucune de ses suggestions n'a toutefois retenu l'attention dans les dernières années, et aucune de ses demandes n'a eu de suite.

Les employés près de la retraite comptent les jours et espèrent pouvoir tirer leur révérence avant que la compagnie décide de fermer l'usine. Plusieurs parmi les plus compétents sont déjà partis ailleurs, et d'autres sont sur le point de les imiter. Ils savent tous que dans un an ou deux, un VP qui ne les connaît pas et qu'ils n'ont jamais vu recommandera la fermeture, la vente ou le démantèlement de cette unité aux résultats quelconque.

Tous savent qu'ils seront sacrifiés aux ambitieux, aux carriéristes, aux indifférents ou aux incompétents qu'ils ont vus se succéder à la haute direction.

LES LEÇONS DES TÉMOIGNAGES

Le moment est maintenant venu de dresser le bilan de la situation dans votre milieu de travail. Si vous sentez que vous offrez plus que ce que l'on vous demande, attention! Vous êtes sans doute déjà abîmé si vous vous sentez démotivé ou malade et que vous avez envie de partir sans prévenir. Si vous persistez dans cette atmosphère, vous épuiserez vos énergies et vous vous éteindrez petit à petit.

Vous devez vous occuper de vous sans tarder, et ce, malgré les obstacles que vous ne manquerez pas de rencontrer. Vous devez surmonter toute hésitation à vous prendre en main pour éviter de plus lourds dégâts sur votre santé ou votre carrière. N'oubliez pas! Tous vos efforts pour éviter les patrons mangeurs de chair, empêcher leurs débordements ou les amadouer entretiennent leurs convictions et confirment leurs insoutenables positions. Plus vous restez et plus vous faites des pieds et des mains, plus ils sont convaincus d'obtenir les résultats qu'ils obtiennent en agissant comme ils agissent.

Le fait d'être patrons ne leur donne pas tous les droits. Ils sont certes responsables de la productivité, et doivent réagir lorsqu'elle n'est pas au rendez-vous. Mais pas n'importe comment, ni à n'importe quel prix. Et comme ce sont eux, les patrons, lorsqu'il devient nécessaire de vous en protéger, vous ne devez d'abord compter que sur vous-même.

Que faire ? Trois issues...

À tous les niveaux d'une organisation ou d'une entreprise, les employés sont seuls et impuissants devant les comportements des mangeurs de chair. Si une victime peut changer ses comportements et ses perceptions face à un tel patron, lui seul peut cesser de se comporter en mangeur de chair. L'organisation peut aider en faisant sérieusement campagne contre ce genre de personne, mais c'est rarement le cas.

Il faut du temps pour donner son nom au mangeur de chair. Il en faut aussi pour admettre que l'entreprise est complice. Et il en faut encore pour décider de fuir. Afin d'éviter de faire de vous une autre statistique de retraite prématurée ou de maladie du stress au travail due aux mangeurs de chair, nous vous proposons trois voies pour aller au-delà de tous les sentiments d'injustice, de colère, de frustration et de rancœur qui peuvent vous habiter.

Pensez à votre bien-être en explorant ces trois voies : la voie de la réflexion sur les modèles et les valeurs du milieu

> Si une victime peut changer ses comportements et ses perceptions face à un tel patron, lui seul peut cesser de se comporter en mangeur de chair.

de travail, la voie de la protection personnelle et la voie des traces.

LE CAS DES PETITES ENTREPRISES

Dans une toute petite organisation, une modeste entreprise familiale ou une microfranchise, vous aurez peu de recours, sinon aucun moyen de vous protéger. La solution d'un départ s'imposera plus vite et s'avérera sans doute la seule disponible. Ce livre vous aidera néanmoins à faire votre constat plus rapidement. Vous verrez que vous n'êtes plus seul face à votre dure réalité, et surtout que le coupable, ce n'est pas vous. Les résolutions proposées pour appuyer votre prise de conscience et vous aider à vous protéger contribueront à raffermir votre confiance, à maintenir votre sérénité et à ne pas vous laisser abîmer plus qu'il ne le faut pour sortir gagnant de l'aventure.

La voie de la réflexion

LA RESPONSABILITÉ DE TOUS

Jour après jour, des dirigeants acceptent avec le sourire leur part de responsabilité quant au succès et aux profits de leur organisation. Curieusement, ces mêmes dirigeants rejettent aussi spontanément toute responsabilité à l'égard de la moindre dégradation des résultats. Ils blâment plutôt la conjoncture, l'économie, le gouvernement, leurs prédécesseurs, les employés incapables et paresseux, les médias, et j'en passe. Vous et moi manquons de temps et, disons-le, de courage pour repousser ces excuses et exiger de nos dirigeants ce pour quoi ils sont rémunérés.

Si nous voulons des dirigeants qui gèrent différemment l'humain, nous devons le leur faire savoir et leur montrer qu'ils ont intérêt à le faire. En général, les patrons nous fascinent et nous inspirent. Ils nous permettent de nous dépasser, de contribuer à quelque chose de grand. Or, quand l'organisation s'essouffle, que le moral est à la baisse et que les bons coups se font rares, n'acceptons plus que les responsables s'en dissocient. Pointons du doigt ceux qui font fuir les talents et ceux qui éparpillent les énergies. Rappelons aux dirigeants et administrateurs leurs responsabilités devant la conduite de ces mangeurs de chair qui tarissent leur source de performance.

Nous sommes, individuellement et collectivement, responsables du règne des mangeurs de chair. À titre de travailleurs, ni l'employeur, ni les gens d'affaires, ni le gouvernement ne portent la responsabilité de notre bien-être. Par ailleurs, les politiciens, les dirigeants, les administrateurs et les gens d'affaires portent la responsabilité sociale de nos institutions et de nos entreprises.

Nous devons ensemble assumer davantage de responsabilités dans le domaine de l'humain. Notamment en refusant de tolérer les comportements des mangeurs de chair, aussi difficile que cela puisse paraître à certains moments. Les entreprises doivent elles-mêmes prendre soin de veiller sur tous ceux et celles qui ont un intérêt dans la survie de leur organisation, et non seulement sur leurs actionnaires ou leurs dirigeants. Quant aux politiciens, ils doivent se soucier du bien-être collectif plus que de leur réélection ou de leurs partisans.

L'IMPASSE DU TRAVAILLEUR

Les employés connaissent les mangeurs de chair. Ils voient bien ce qui se passe et ont conscience de la situation dans laquelle ils se trouvent. Pourtant, beaucoup se rendent malades avant de lâcher prise. C'est que le travailleur aime souvent son travail et ses collègues, ainsi que le milieu dans lequel il œuvre. Il respecte l'autorité et l'institution qu'il a choisie. Il peut difficilement accepter que l'organisation ne souhaite pas par-dessus tout mieux faire, mieux servir. Il prend donc son mal en patience et préserve les apparences de son respect de l'autorité, tout comme les mangeurs de chair préservent les apparences de leur considération pour les personnes.

> Les victimes s'usent à sauver les apparences et finissent par craquer.

Le mangeur de chair qui voit ses affaires progresser, son salaire augmenter et sa carrière fleurir ne s'use pas à ce petit jeu. Les victimes qui essaient de s'acquitter convenablement de leur tâche et qui s'accrochent à la satisfaction du travail bien fait s'usent par contre à sauver les apparences, et finissent par craquer.

Nous avons plus de choix et plus de contrôle que nous le pensons ou qu'on veut bien nous le faire croire en ce qui concerne notre expérience au travail. Dire « Non merci », « C'est mon tour », « Je ne peux pas taire ce que je sais » ou « Je connais un meilleur moyen » a un prix passablement moins élevé que l'usure, les frustrations et l'anxiété qui résultent de l'obéissance et de la soumission aux agissements et aux exigences des mangeurs de chair.

LA CULTURE DU BONHEUR

Les études sur les entreprises à succès démontrent que les employés heureux donnent plus qu'ils reçoivent. Un employé satisfait qui se sent considéré et qui joue un rôle actif dans l'entreprise n'a aucun besoin de règlements ou de discipline pour être performant. La compétition ne lui soutirera rien de plus, car les défis qu'il relève volontiers donnent déjà tout leur sens à ses activités.

Les patrons qui nomment une poule mouillée à un poste de gestion pour service rendu par temps durs ajoutent un mangeur de chair dans l'organisation. Les patrons qui omettent de liquider un paresseux, un incompétent ou un incurable malhabile après avoir tenté de l'amener à se corriger ne font pas leur travail, et ils se comportent eux-mêmes en mangeurs de chair. Les patrons qui invoquent la lourdeur de la tâche et l'ampleur des défis pour justifier leurs comportements cavaliers et irrespectueux envers vous font fausse route. Jamais il ne sera justifiable de stigmatiser ses employés. Et jamais, pour quelque raison que ce soit, il ne sera acceptable de les accabler de malaises, de les plonger dans la confusion ou de les blâmer pour ses erreurs.

À l'instar de l'alcoolique qui a perdu l'équilibre entre boire raisonnablement pour son plaisir et ne plus pouvoir dire non, la victime du mangeur de chair a perdu le sens de la mesure entre son bien-être et celui de l'organisation. Tous deux sont seuls devant la décision de s'en sortir, et ni l'un ni l'autre ne peut y arriver sans accepter sa part de blâme. Le contrôle que nous avons sur notre vie au travail est inversement proportionnel à notre tolérance à l'exploitation, aux abus, aux mensonges et aux manipulations de nos patrons.

Le patron n'a aucun droit sur votre personne. Il n'a aucun droit sur vos sentiments de fierté, d'accomplissement, de loyauté. Il a plutôt la responsabilité de vous fournir un milieu propice à leur épanouissement. Le patron ne gère pas votre vie. Il gère la compagnie, l'organisation. Il vous embauche, vous dirige et vous licencie en fonction des besoins de l'entreprise. Il ne tient qu'à vous de gérer votre contribution en fonction de vos propres besoins.

> Le patron ne gère pas votre vie. Il gère la compagnie, l'organisation.

UN MODÈLE DE LEADERSHIP À REVOIR

Pourquoi les organisations conservent-elles des patrons mangeurs de chair ? La réponse réside en partie dans le fait que nos valeurs font du chef-héros-vedette le centre de notre attention, et en partie dans le fait que nous cultivons l'instantanéité. Il n'y a plus de différence entre le court terme et l'avenir. Nous restons toutefois indifférents aux conséquences de ces attitudes sur la performance.

Les organisations sont des organismes vivants. Elles apparaissent, grandissent et disparaissent. L'environnement propice à certains talents et à certaines solutions change. Les besoins de l'organisation et des humains qui la composent aussi. Le héros-vedette obnubilé par l'instantanéité ne reste pas à l'affût, et n'agit donc pas en considérant tous ces facteurs.

Il devient de plus en plus évident qu'une seule personne ne peut assurer la performance d'une organisation. Nos héros gèrent le macrofonctionnement de nos organisations en éloignant peu à peu tous les niveaux de gestion des éléments à la base même de la performance. Veiller à la bonne marche des opérations au quotidien, se tenir au fait de ce qui se passe réellement sur le plancher, apprendre à tirer le maximum des équipements et des systèmes... rien de tout cela n'est vraiment prestigieux. La gestion ne se préoccupe que des grands ensembles, et les décisions se prennent par comparaison avec les grands ensembles des compétiteurs, après analyse des statistiques du marché ou des organisations comparables. Des chiffres changent de colonnes, on procède à des fermetures, et quelques mises à pied plus tard, tout est de nouveau au beau fixe.

Pendant ce temps, au bas de l'échelle, vous vous demandez comment il se fait que la direction ne s'est pas encore aperçue de l'augmentation des erreurs et des accidents. Comment diable peut-elle ignorer les taux galopants d'absentéisme, de griefs et de plaintes ? Les experts qui partent à la retraite ou qui acceptent une offre ailleurs pour échapper à ces mangeurs de chair contribuent à la perte de productivité qui rend tous les dirigeants dingues. Le problème se fait jour dans le grand tableau, mais détachés du terrain, sans connaissance intime de ce qui anime vraiment l'entreprise, les dirigeants sont incapables de faire appel à ceux qui savent pour le résoudre, c'est-à-dire à vous.

Notre admiration pour les vedettes et notre fascination pour les puissants dirigeants minimisent nos exigences envers eux. Nous leur concédons maints privilèges sans nous indigner. Nous sommes sympathiques à leurs mauvais caractères et nous nous amusons de leurs faiblesses. La tolérance aux erreurs et la patience face à l'inexpérience permettent aux individus de grandir, de prendre de l'assurance et de devenir de bons dirigeants. Par contre, la tolérance aux stratégies catastrophes et aux résultats malsains à répétition est une maladie dont nous devons tenter de guérir.

Depuis un bon moment déjà, des chercheurs de renom s'élèvent contre ce modèle de gestion. Leurs études font état des gâchis et de l'antiperformance qui en résulte, et révèlent l'envers de la médaille. Il en ressort que l'engagement et la connaissance profonde de l'organisation importent davantage pour soutenir un rendement à long terme qu'un PDG charismatique obsédé par les profits et la valeur de l'actionnaire. Mais vous savez cela depuis longtemps !

L'ÉQUILIBRE SALUTAIRE

Dans les milieux qui vivent au rythme des véritables leaders, vous verrez des personnes organisées plutôt qu'agitées. Elles ne perdent jamais de vue la raison d'être de l'organisation. Il n'y a pas d'incohérence entre leurs discours et leurs actes. Ces dirigeants sont curieux plutôt qu'autoritaires. Ils ont à la bouche plus de questions que d'ordres. Vous les verrez souvent sur le terrain, car un bain de réalité s'impose comme une nécessité pour eux.

> Les leaders dignes de ce nom écoutent autant qu'ils agissent, pensent plus qu'ils parlent.

Les leaders dignes de ce nom écoutent autant qu'ils agissent, pensent plus qu'ils parlent. Ils comptent sur vous, vos talents et vos connaissances pour passer à l'action. Vous les sentez guider et soutenir tout autant que contrôler. Ramener quelqu'un dans le droit chemin, convaincre une équipe de raccourcir les délais, changer des éléments en cours de route parce qu'une occasion s'est manifestée, voilà du contrôle utile, tout autant que de surveiller les budgets, les délais et les coûts. Ces leaders qui gèrent vraiment les personnes sont déterminés plutôt qu'arrogants, énergiques plutôt qu'agressifs, compréhensifs plutôt que tolérants.

L'OMNIPRÉSENTE STRUCTURE

Les patrons mangeurs de chair opèrent particulièrement bien dans le cadre d'un modèle d'affaires qui favorise leurs comportements de solitaires, comme le font nos structures de fonctionnement de type hiérarchique et militaire. Les objectifs et les orientations y reflètent systématiquement des besoins de pouvoir ou d'argent, et presque tous ceux et celles qui sont au bâton ignorent les vrais motifs de décisions. On leur assigne un travail souvent ennuyeux, répétitif, sans marge de manœuvre et sans permission d'initiative. Il est ainsi plus simple pour le mangeur de chair d'attribuer des responsabilités et d'identifier des coupables.

Au nombre des sacrifiés, les idées non prises en compte, les solutions non appliquées, les erreurs évitables, les clients insatisfaits…

Tout ce qui n'entre pas dans les colonnes ou les tableaux doit attendre ou disparaître. Au nombre des sacrifiés, les idées non prises en compte, les solutions non appliquées, les erreurs évitables, les clients insatisfaits… Non inscrits au bilan : l'absentéisme dû à l'étouffement, le surmenage, le stress imputable aux leaders éteignoirs... Non quanti-fiés : la sous-utilisation des potentiels et le coût des systèmes dont la durée de vie a été deux, trois ou même dix fois plus courte qu'elle aurait pu l'être. Ce modèle d'affaires, d'où les considérations éthiques sont absentes de même que les dimensions humaines, culturelles et contextuelles, appuie nos héros-vedettes dans l'épuisement de la seule ressource capa-ble d'assurer la performance et la productivité : la personne.

L'INSTANTANÉITÉ

En observant de près nos héros-vedettes, nous constatons à quel point ils sont pressés. C'est que les actionnaires sont impatients d'engranger leurs profits. Pour se hisser plus vite au sommet, on achète des concurrents et on procède à des licenciements. Pour réduire les dépenses et les coûts, on achète encore des concurrents et on fait encore des mises à pied. S'agit-il d'augmenter la productivité ? On brandit une fois de plus le spectre du chômage. À vrai dire, même quand tout va bien et que l'année a été bonne, on congédie et on remercie pour augmenter le rendement de l'actionnaire.

Les organisations elles-mêmes ont tendance à vivre au rythme de l'instant. Au nom de la tendance, les patrons entraînent un milieu souvent assez sain et performant dans un tourbillon infernal, et fragilisent ainsi l'organisation. L'ins-tantanéité bouscule en fait toutes les organisations, et plus profondément qu'on veut l'admettre. L'évaluation des projets devient sommaire ou inexistante, si bien que, privés des connaissances requises pour prendre des décisions dans la continuité, les dirigeants déconnectés et arrogants n'apportent que des changements brutaux et inconséquents.

Pourquoi est-ce si important de tout faire tout de suite ? Ne sommes-nous pas capables de faire les choses par étapes, dans une perspective d'évolution plutôt qu'à seule fin de valider des modèles ? Comment la table rase peut-elle nous fasciner autant ? Serions-nous pressés de n'aller nulle part ? Comment espérer de la performance dans un éternel tourbillon ? Comment attendre et exiger de la loyauté lorsqu'on n'en a pas démontré ? Comment demander du cœur à l'ouvrage quand l'ouvrage est le dernier de nos soucis ?

> Constituer des équipes solides et compétentes prend du temps, beaucoup plus que de les démembrer.

Constituer des équipes solides et compétentes prend du temps, beaucoup plus que de les démembrer. Il ne suffit pas de rassembler une poignée de personnes efficaces et expérimentées pour produire ou servir adéquatement. Dans un modèle où les objectifs sont confus pour la majorité, où les patrons se succèdent avec la régularité des saisons, où l'initiative n'est pas encouragée, où l'erreur est inadmissible et où le suivi et la rétroaction sont quasi inexistants, il y a peu de chances que l'esprit d'équipe fleurisse. Un patron ne peut faire seul le succès de l'organisation.

La devise « Tous pour un, un pour tous » prend une fois de plus tout son sens. Nous avons vraiment tous intérêt à combattre les comportements des mangeurs de chair. Et nous devons tous reconnaître notre responsabilité dans le maintien de leurs agissements dévastateurs quand nous continuons à leur vouer un culte.

RÉSOLUTIONS

Je ne tolère plus le modèle de patron héros-vedette.

J'exige que mon patron prenne ses responsabilités dans les échecs comme dans les succès de l'organisation.

Je réserve mon admiration et mon respect aux patrons qui ont de la considération et du respect pour ma personne et mon apport.

Je donne ma pleine mesure aux patrons qui font leurs devoirs et qui ne se prévalent pas seulement du privilège d'autorité.

La voie de la protection personnelle

Si nous connaissons des mangeurs de chair et ne faisons rien pour empêcher leurs pratiques, nous contribuons à leur gaspillage. Si nous laissons un mangeur de chair ruiner notre vie ou notre santé, nous devenons complices, et non plus victimes. Les coupables ne pourront perpétuer leur manège si nous décidons une bonne fois pour toutes que nous avons besoin non pas de sauveurs ou de héros, mais bien de considération et de vision. Ils ne pourront plus rien contre nous si nous décidons de croire en nous plutôt qu'en eux.

BÂTIR SA PERSONNALITÉ

Nous savons qu'il faut du courage, voire beaucoup de courage pour se sortir de situations douloureuses. Votre patron

vous a si souvent trompé, déçu, critiqué ou caché des renseignements importants que vous n'avez plus aucune confiance
en ce qu'il dit, et vous tentez constamment de protéger vos
arrières. Vous avez essayé de comprendre. Vous avez discuté.
Vous avez obéi et modifié vos comportements, mais rien ne
change de son côté. Vous en êtes venu à vivre dans la méfiance
et à vous sentir totalement impuissant devant la situation.

Que vous soyez dans cet état depuis longtemps ou que
vous veniez tout juste de commencer à soupçonner la présence d'un mangeur de chair, vous êtes votre meilleure protection. Suivez votre instinct, et laissez-le vous donner des
indications quant au maintien de votre sérénité. Votre plus
importante responsabilité consiste à rester à l'affût. Il s'agit
d'une priorité absolue.

Utilisez tous les moyens dont vous disposez pour sauve-
garder et augmenter votre confiance en vous. Apprenez à
gérer l'autorité et à rester calme sous la pression du quotidien. Assistez à des conférences et à des ateliers sur l'affirma-
tion de soi, la réalisation de ses rêves, la qualité de vie, la
passion, l'équilibre... Suivez des cours pour apprendre à maîtriser les techniques de relations interpersonnelles. Devenez
membre de réseaux de soutien ou resserrez vos liens avec
votre réseau d'amis, et si vous en avez les moyens financiers,
travaillez avec un coach. Garder ou retrouver le respect de soi
et la confiance en soi est un travail vital de tous les instants.
Le mangeur de chair peut en effet saper la confiance des plus
solides.

Un moyen sûr d'entretenir sa confiance en soi et de se
faire respecter est de connaître sa valeur. Au long de notre vie

active, nous servons une variété de clients, rencontrons de nombreux types de problèmes et avons à composer avec des personnalités diverses. Chaque problème résolu, chaque difficulté surmontée ajoute à notre expérience. Or, il en va de même de ceux et celles qui façonnent notre personnalité au travail, à savoir nos patrons. Cherchez dans vos souvenirs l'héritage de vos professeurs. Certains vous ont appris, d'autres vous ont montré à apprendre, et d'autres enfin, par leur maladresse, leur incompétence ou leur peu de respect pour votre façon de voir, ont bloqué votre apprentissage ou l'ont rendu si pénible que vous avez changé de voie. Ainsi en est-il également de vos patrons, et vous avez le choix de ceux que vous mettez et gardez sur votre route.

Chaque fois que vous tentez une expérience nouvelle, vous vous renouvelez. Vous restez à la fine pointe de l'information dans l'organisation et dans votre domaine. Vous vous faites apprécier d'autres collègues, d'autres patrons, et vous augmentez vos chances de trouver de nouveaux intérêts et de mettre vos connaissances à profit. Aussi à l'aise que vous puissiez être avec un patron, il est bon d'en changer. Les écoles de gestion recommandent aux organisations de faire circuler les cadres pour parfaire leurs connaissances et approfondir leur compréhension du milieu. Ce faisant, les patrons élargissent leurs sources d'information et stimulent leur créativité en présence de nouveaux contacts et environnements. Et ce principe vaut tout aussi bien pour vous.

Quand vous travaillez avec un nouveau patron, vous bousculez vos vieux réflexes et faites les choses différemment. Vous affinez votre style. Cela dit, il ne s'agit pas de papillonner, ni de bouger à la moindre contrariété ou chaque fois que les contraintes deviennent difficiles à supporter. Il y a en outre une marge, et place à grandir entre changer d'horizon quand on a fait le tour du jardin, mis la main à la pâte et fait une contribution appréciable, et suivre un patron dans ses fonctions successives à deux, trois ou quatre reprises. Quand on s'installe dans une situation confortable où la variété s'est dissipée depuis un moment, l'énergie baisse, la créativité s'enlise et les réflexes de sauvegarde prennent le dessus. Demandez-vous donc où vous en êtes exactement sur le plan de l'assurance personnelle.

RÉSOLUTIONS

Je suis mon instinct.
Je bâtis ma personnalité.
J'entretiens ma confiance en moi.
Je change de patron lorsque j'ai fait le tour du jardin.

SAVOIR DIRE NON

Face à un mangeur de chair, vous avez toujours le choix de vous plier à ses ordres et à ses moindres exigences... ou de négocier. Ne l'oubliez jamais. La décision de prendre ou non les appels du patron à toute heure du jour ou de la nuit, les jours de congé ou les fins de semaine vous appartient

entièrement. Vous lui avez parlé et avez tenté de le convaincre de ne plus vous relancer en dehors des heures de travail,
mais sans succès ? Prenez les grands moyens. Si vous conti-
nuez de répondre à ses appels, il ne changera pas de lui-même.
Vous seul subissez les inconvénients de son comportement.
Bien sûr, si vous devenez moins docile, vous aurez sans doute
à subir son mauvais caractère et vous ne serez jamais dans ses
bonnes grâces, mais vous ne l'êtes pas de toute façon, et vous
subissez déjà son caractère. Si vous ne tenez pas votre bout et
que vous le laissez continuer comme si de rien n'était, ne vous
plaignez plus de ses agissements. Vous aurez manifestement
choisi de sacrifier votre santé et votre énergie à vos ambitions
ou à votre confort professionnel.

Et il en va de même face au patron qui n'aime pas accorder des vacances, qui vous humilie, qui n'est jamais content
ou qui fait systématiquement le contraire de ce que vous
recommandez. Le choix est vôtre. Vous détenez la clef du respect qu'on vous témoigne. Imposez vos limites ; n'attendez
pas qu'on vienne à votre rescousse. Les mangeurs de chair
n'ont pas beaucoup de respect pour les autres ; ils n'ont
aucune sensibilité aux besoins d'autrui, ni le moindre intérêt
de vous connaître. Au jeu de l'usure, c'est toujours le mangeur
de chair qui gagne. Il est depuis des siècles le champion incon-
testé de la manipulation et de l'abus de pouvoir par laisser-
faire.

Reste que malgré l'autorité du mangeur de chair, quelle
que soit sa renommée ou son influence, vous avez toujours le
dernier mot sur ses agissements envers vous. Ne vous attendez pas à ce qu'il devine votre colère ou votre frustration

parce que vous avez fait la moue, grogné un peu ou même élevé la voix de temps à autre. Vous devez lui envoyer un message clair et net. Attention, par contre : vous ne sortirez vainqueur que si vous choisissez adéquatement le sujet, le ton et le moment pour établir vos limites. C'est en pleine possession de vos moyens que vous devez agir. Dire non lorsqu'il vient de vous faire sortir de vos gonds, dire non devant une assemblée ou un groupe de personnes, dire soudainement non à ce que vous avez toujours accepté, ou dire non parce que cela contrarie vos plans ne vous sera d'aucune aide.

RÉSOLUTIONS

Je refuse les insultes, les abus et les attitudes inacceptables.
J'exprime mes besoins.
Je ne tolère plus le mauvais caractère et la mauvaise humeur chronique.

APPRENDRE À SE DÉTACHER

Après un certain temps sous la gouverne d'un mangeur de chair, la sensation de mal-être s'accentue. C'est à ce moment que vous devez commencer à prendre des notes. La tenue d'un journal vous aidera à prendre du recul. Documentez les situations, les circonstances, les propos et les faits qui illustrent les comportements indésirables du mangeur de chair.

Notez la date, les personnes présentes ou impliquées, vos témoins. Ce journal constituera votre dossier pour la suite des choses. Peu importe la solution que vous envisagerez, vous serez plus crédible si vous pouvez citer des exemples à l'appui de vos allégations.

Vous pouvez vous-même faire l'analyse de la situation, ou chercher de l'aide auprès de professionnels : consultants, psychologues, coachs... les compétences ne manquent pas. Il importe toutefois de vous assurer que votre malaise trouve bel et bien sa source dans les comportements et attitudes de votre patron. Il importe aussi d'avoir fait des tentatives pour redresser ses écarts au moyen d'échanges, de discussions ou de mises au point, verbalement ou par écrit, et en présence ou non de pairs. En tout état de cause, vous devez par-dessus tout avoir exprimé vos limites clairement et simplement. Car, vous agirez vous-même en mangeur de chair si vous ne respectez pas suffisamment votre vis-à-vis pour lui donner l'heure juste et lui permettre de changer. D'autant qu'il ou elle n'est peut-être pas encore totalement un mangeur de chair.

Une fois la situation dûment clarifiée, si vos efforts pour comprendre et améliorer la situation n'ont rien donné, vous devez amorcer la phase du détachement. Prenez de la distance et cessez de porter le poids des objectifs à atteindre, du moral des troupes, des échéances à respecter, des résultats de l'unité, de la satisfaction des clients et de l'image de l'organisation. Passez en mode attente. Faites ce qu'on vous demande, et rien de plus, au mieux de vos connaissances et avec toute votre compétence.

Modérez vos élans de participation. Réfrénez vos envies d'influencer et de vous impliquer. Tous les vains efforts que vous notez dans votre journal vous épuisent et vous attirent les foudres du mangeur de chair. Ces efforts l'irritent, le dérangent et le confortent dans l'idée que vous êtes soit un imbécile à qui il faut tout expliquer, soit un incompétent qui ne peut rien faire sans lui, soit un critique qui ne s'adapte pas au changement ou qui refuse l'autorité. Quand on se contente d'attendre que passe l'orage, on se sent rarement responsable de sa venue et des dégâts qu'il peut causer.

La phase du détachement ne peut durer. Il s'agit d'un temps de pause pour mieux évaluer la situation, mesurer les dégâts, reprendre des forces et échafauder votre véritable solution au problème.

Cela dit, la phase du détachement ne peut durer. Il s'agit d'un temps de pause pour mieux évaluer la situation, mesurer les dégâts, reprendre des forces et échafauder votre véritable solution au problème. Et la sagesse dicte de ne pas s'enliser dans ce passage, car le détachement prolongé éteint aussi sûrement l'enthousiasme et l'énergie d'un employé que la gestion du mangeur de chair.

Vous avez sans doute fréquenté de ces gens au cynisme cinglant, indifférents aux erreurs, jamais prêts à se porter volontaires pour aider un collègue débordé, réticents à donner leur avis parce que convaincus de l'inutilité de leurs initiatives. Leur histoire est souvent celle de personnes qu'on a durement sanctionnées pour des erreurs minimes, dont on a volé les idées, ou qui ont longtemps cherché en vain à empêcher des décisions malsaines. Ces personnes ont baissé les bras. Elles en ont eu assez de prêcher dans le désert. Elles ne veulent plus se démarquer. Et vous ne voulez pas en être.

> **RÉSOLUTIONS**
>
> J'amorce le processus du détachement.
>
> Je tiens un journal des comportements du patron.
>
> Je limite mon engagement.
>
> Je répertorie mes idées d'améliorations et de solutions, mais je ne les offre plus.

PRENDRE SES DISTANCES

Vient un temps où une victime de mangeur de chair doit s'éloigner. Vous ne pourrez jamais établir une relation satisfaisante avec un mangeur de chair. Tôt ou tard, il vous faudra trouver de la reconnaissance ailleurs dans l'organisation. Pour préserver le feu sacré, vous feriez donc bien de trouver un projet sous d'autres cieux.

> Vous ne pourrez jamais établir une relation satisfaisante avec un mangeur de chair.

Organiser les activités de bienfaisance soutenues par l'entreprise, donner de la formation, devenir membre d'un comité de recherche ou de travail, se porter volontaire pour un stage ou retourner aux études, ce sont là autant de moyens de réduire le temps passé sous les ordres du patron mangeur de chair. C'est aussi une façon de se faire connaître dans d'autres réseaux, d'acquérir d'autres expertises, d'explorer d'autres avenues. Et si rien ne se présente à vous dans votre environnement immédiat, osez soumettre un projet de votre cru soigneusement préparé.

L'objectif est ici de passer le moins de temps possible dans l'aura du mangeur de chair. Ces engagements parallèles permettent de garder son sang-froid et de prendre de meilleures décisions en temps et lieu.

Résolutions

Je profite de toutes les occasions de m'éloigner (études, stage, formation, vacances prolongées, congé sans solde).

Je me porte volontaire pour organiser les activités de bienfaisance que soutient mon entreprise.

Je m'intègre à un comité ou à un groupe de travail.

Je cherche à prendre part aux projets d'autres unités.

Je propose un projet de mon cru.

Dans une petite entreprise, pour m'éloigner du patron, je dois trouver des occupations qu'il ne peut interrompre ou auxquelles il ne peut participer, comme faire des courses, prendre les appels, donner des explications aux clients, organiser des dossiers, préparer des célébrations, etc.

TIRER PARTI DES GROUPES DE SOUTIEN

Considérez le temps et les énergies que vous consacrez à vous expliquer ce que le mangeur de chair attend de vous ou vous fait vivre. Le temps que vous passez à vous efforcer de le comprendre et de le satisfaire, vous ne pouvez le consacrer à bien faire votre travail ou à régler des problèmes. Le temps durant lequel vous redoutez sa colère, ses critiques ou son mécontentement, vous ne pouvez le consacrer à apprendre ou à innover. En proie à toutes ces pensées troublantes, vous perdez la sérénité nécessaire à votre bien-être, et il ne vous sera pas facile de la retrouver, d'autant moins que vous avez peu de chances d'y arriver seul. Le moment est alors venu de faire appel à vos réseaux d'amis, de parents, de collègues.

À ce stade, il est en effet souhaitable de tirer efficacement parti de ces réseaux ou même d'adhérer à des groupes de soutien. Je ne parle pas ici des gens avec qui vous partagez quotidiennement vos critiques du boss. Je ne vous encourage pas non plus à étourdir votre conjoint et vos amis en les assommant de vos jérémiades, de vos jugements et de vos colères. Vous avez passé l'étape du simple défoulement et du déballage de frustrations. Il vous faut trouver des confidents capables d'écouter, mais aussi de vous ramener à l'analyse de votre situation.

Les personnes choisies ou les groupes de soutien auxquels vous vous joindrez ne serviront vraiment votre cause que si vous retrouvez auprès d'eux le calme et l'acceptation incondi-tionnelle dont vous avez besoin pour passer à l'action sans colère ni vengeance. Ils doivent vous donner l'énergie de faire le ménage dans vos émotions et dans votre situation. S'ils ne sont que prétexte à faire une pause ou à vous changer les idées, ils ne vous aideront nullement à vous libérer une fois pour toutes de l'emprise du mangeur de chair et de son œuvre de destruction.

RÉSOLUTIONS

Je fais appel à mes réseaux de connaissances.
Je participe aux activités de groupes de soutien.
Je fonde un groupe de soutien.

La voie des traces

COMMENTER SES ÉVALUATIONS

Quand l'organisation procède à des évaluations en bonne et due forme, ne laissez pas passer l'occasion de commenter officiellement tout propos évaluatif déplacé, inexact ou injuste d'un mangeur de chair. Il ne s'agit pas ici de souligner un moment de colère, l'expression d'un refus ou une erreur isolée. Les patrons sont des humains qui peuvent se tromper et se mettre en colère, et ils doivent parfois faire des reproches ou émettre des remarques négatives sur le travail de leurs subalternes. Le patron n'est pas là pour votre confort, mais il ne doit pas pour autant être une source de démotivation.

Aussi les comportements apparentés au favoritisme ou au harcèlement sont-ils inacceptables, tout comme ceux qui relèvent de l'ignorance ou de l'incohérence. Votre tolérance envers ces agissements nocifs ne peut que contribuer à les perpétuer. Si vous formulez par écrit et sur un ton dépourvu d'animosité des commentaires solidement documentés, ils feront leur petit bonhomme de chemin. Ne vous laissez pas dissuader de poser ce geste, car il y va de votre survie et de votre sérénité. Nous entendons souvent des cadres de direction se plaindre d'employés critiques ou fauteurs de troubles, et rien ni personne ne peut les contredire si les détracteurs en question ne laissent aucune trace des fondements de leur démarche.

Le fait de prendre la peine de rédiger ses commentaires peut sembler ajouter au fardeau de la victime, mais ces écrits irritent et embarrassent les mangeurs de chair. Leur victoire serait totale sans la trace d'une autre version des faits, et ne serait-ce que pour cette raison, il vaut la peine de laisser une marque. Le mangeur de chair ne peut être plus désagréable avec vous qu'il ne l'était déjà.

RÉSOLUTIONS

Je réagis en bonne et due forme à tout commentaire officiel inexact, inapproprié ou injuste sur ma prestation au travail.

Dans une structure sans mécanismes d'évaluation en règle, je commente avec calme tout propos erroné sur ma performance, et je note dans un journal la date et la teneur des démarches en ce sens. Ces notes pourraient plus tard servir à étoffer un dossier de plainte ou de départ.

PORTER PLAINTE, DÉPOSER UN GRIEF

Dans la plupart des organisations, les mécanismes de plainte et de dénonciation sont loin d'être parfaits, il faut en convenir. Dans bien des cas, même une décision favorable à la victime lui vaut une punition. C'est à elle de quitter un poste et une équipe qu'elle aime. Et c'est elle qui doit rebâtir sa crédibilité ailleurs dans l'organisation.

Dans les plus petites structures et dans nombre de moyennes entreprises, il n'existe à vrai dire aucun mécanisme de recours. Si tel est votre cas, vous pouvez vous adresser à la Commission des normes du travail. Vous y trouverez de l'information et des conseils, et certains dossiers peuvent même y être traités.

La crédibilité des directions de Ressources humaines, qui administrent habituellement les mécanismes de recours au sein des organisations, se trouve fortement entachée aux yeux des victimes de mangeurs de chair. C'est que, dans une très grande majorité des cas, selon les personnes rencontrées qui avaient cherché conseil auprès d'elles, ces directions font preuve d'une grande tiédeur à guider un employé au fil du processus de contestation, ou à reprocher quoi que ce soit à des cadres ou à des membres de la haute direction. Nombreuses sont les victimes que l'on a ainsi découragées de s'affirmer. Les conseils prodigués visent plutôt la patience, la discussion amicale ou l'oubli du sujet de préoccupation. On recommande des congés ou des transferts quasi clandestins. On explique avec beaucoup de gentillesse et de doigté qu'il vaut mieux ne pas faire de vagues.

Les organisations qui tolèrent les mangeurs de chair résistent à l'intégration de mécanismes propres à contrer leurs comportements dans le cadre de leurs processus de gestion. Elles n'utilisent donc pas ces mécanismes autant qu'elles le pourraient pour soutenir les employés vulnérables ou pour identifier un mangeur de chair et l'aider à mettre fin à ses agissements dévastateurs. Cela dit, malgré les réserves et la méfiance qui prévalent, il vaut la peine de donner leur chance à de tels outils quand ils sont disponibles. Ils ont été conçus pour soutenir et aider les employés en difficulté, et la loi du silence favorise toujours le coupable.

Les régimes de plainte ou de grief dans les organisations syndiquées varient selon la nature et l'état de l'organisation. Il y a des milieux où la plainte et le grief, bien que légitimes et légaux, provoquent un congédiement immédiat et sans appel. Le courage demandé pour laisser des traces est alors trop coûteux, et le sacrifice, inutile.

Dans nombre d'entreprises et d'organisations, le prix à payer est élevé pour ceux et celles qui osent lever le voile sur la vraie nature de certains de leurs gestionnaires. Sachez donc reconnaître les signes de votre environnement à cet égard. Utilisez vos réseaux de soutien pour lire la situation, prenez conseil discrètement, et s'il s'avère que vous ferez entièrement les frais de l'opération, allez ailleurs. Il n'y a rien d'autre à faire.

Les régimes de plainte et de grief non fonctionnels font aussi tristement partie de la réalité. Combien de fois l'écho de grands patrons indignés a-t-il résonné à nos oreilles pour avoir abordé le sujet? Ils rejettent poliment toute forme d'allégation en invoquant le peu d'individus touchés, jouent les vierges offensées et vous font carrément sentir l'insignifiance de vos propos.

RÉSOLUTIONS

Je dépose une plainte ou un grief seulement si les mécanismes en place sont crédibles dans mon organisation.

Dans une petite structure, je m'adresse à la Commission des normes du travail.

TÉMOIGNER AU DÉPART

Beaucoup d'organisations offrent une entrevue de départ aux travailleurs qui les quittent. Elles cherchent ainsi à savoir ce qui leur fait perdre une ressource dans laquelle elles ont investi. Car, l'embauche et la formation d'un employé coûtent cher, et une personne compétente et expérimentée vaut son pesant d'or. Elle fait moins d'erreurs, maîtrise les processus et les systèmes, et travaille donc mieux et plus vite. Elle est à même de faire des suggestions de correctifs peu coûteux et d'innovations discrètes, mais extrêmement rentables pour l'organisation. Et elle sait répondre à des interrogations qui autrement nécessiteraient des heures, voire des jours d'analyse et de recherche.

Si votre employeur vous l'offre, acceptez de fournir votre témoignage et soyez très clair sur les véritables raisons de votre décision. Comme ce genre d'entrevue se fait sur invitation, les travailleurs qui quittent une entreprise ne prennent pas toujours la peine de s'en prévaloir. Il s'agit pourtant d'une façon indolore de laisser une trace. Il ne vous en coûtera que le temps de l'entrevue, et vous aurez rendu service en jetant une pierre dans la marre d'un mangeur de chair.

Même en l'absence d'une entrevue de départ, rien ne vous empêche de témoigner par écrit de ce qui a fini par vous user et vous amener à prendre la difficile décision de partir. Le cas échéant, pour éviter que votre précieux témoignage soit relégué aux oubliettes, adressez votre lettre à plusieurs personnes. Vous pourriez, par exemple, l'envoyer au président du conseil d'administration, au directeur des Ressources humaines, au syndicat si l'entreprise en compte un, au mangeur de chair concerné et à son supérieur immédiat.

Il n'est jamais trop tard pour offrir un témoignage de départ. Le fait d'écrire son vécu après une tempête facilite le passage à autre chose. L'écriture aide à faire son deuil et à contextualiser les évènements. En voyant plus clair dans ses émotions, on comprend mieux comment se prémunir et se défendre à l'avenir. Si vous n'êtes pas à l'aise avec l'écriture, pourquoi ne pas simplement enregistrer votre témoignage ? Et si vous ne savez pas par quel bout commencer, songez à rencontrer certains de vos anciens collègues pour qu'ils vous aident dans votre démarche de témoignage. Tous les moyens sont bons pour laisser des traces et cicatriser les blessures.

RÉSOLUTIONS
J'accepte de témoigner avant de partir si on m'y invite.
Je fournis un témoignage écrit ou enregistré après un départ.
Je soutiens un collègue ou un ami qui entreprend une démarche de témoignage

Ne jamais rester indifférent

Victime ou témoin des méfaits d'un mangeur de chair, personne ne doit rester indifférent. On peut certes se dire que le comportement d'un patron envers un collègue ne nous concerne pas ; c'est la meilleure des raisons pour rester à l'écart. D'ailleurs, il va de soi qu'on n'a pas à se mêler des affaires d'un collègue sans y être invité, et encore moins, le cas échéant, à s'immiscer dans ses difficultés avec l'autorité. Il y a cependant des moments où le silence et l'indifférence contribuent à perpétuer les comportements d'un mangeur de chair.

Vous vous posez les mêmes questions ou partagez les mêmes inquiétudes que le collègue qui s'est attiré les foudres du patron ? Faites-le savoir. Plusieurs personnes qui interrogent le patron au sujet d'un même problème ou qui lui expriment une même préoccupation indiquent à ce mangeur de chair que l'équipe n'est pas dupe de son petit manège. Les commentaires échangés entre vous à la pause concernant les concours truqués, le favoritisme ou les informations erronées peuvent faire l'objet d'autant de questions au patron. Quelques membres d'une équipe ou d'une direction qui insistent pour comprendre une situation envoient un signal puissant au mangeur de chair. Il ne s'agit naturellement pas d'entrer en trombe ou en groupe dans le bureau du patron, ni de l'accabler d'aucune façon. Une déclaration de guerre ne règle jamais rien. Par contre, émettre une opinion, énoncer un fait ou soulever une question quand l'occasion s'y prête suffit à réduire le sentiment de pouvoir absolu que confèrent au mangeur de chair le silence et l'indifférence de tous.

Enfin, encouragez la personne dupée, humiliée, insultée à faire valoir ses droits, à faire appel, à déposer un grief ou une plainte. Peu de personnes vont jusqu'à la plainte formelle et encore moins se sentent soutenues lorsqu'elles prennent la décision de dénoncer officiellement. La plupart des collègues se mettent en effet à fuir la victime qui choisit de passer aux actes. Ne soyez pas de ceux-là. N'abandonnez pas un collègue à son sort. En l'aidant, même très prudemment, vous améliorez votre propre sort puisque vous minez le pouvoir du mangeur de chair avec lequel vous êtes vous-même aux prises.

Jamais!

RÉSOLUTIONS

Je ne reste pas indifférent aux comportements d'un mangeur de chair.

Je garde contact avec les victimes des mangeurs de chair et je les appuie dans leurs démarches de plainte, de grief ou de dénonciation.

POURSUIVRE

Jamais! À moins d'être aussi riche, aussi influent, aussi détaché que l'organisation que vous souhaitez poursuivre, n'empruntez pas cette voie. Même si vos droits sont indiscutables, même si les dommages subis sont considérables, réels et souvent connus, n'empruntez pas cette voie. Les recherches font état de victimes complètement défaites après une poursuite, ruinées et sans perspective d'avenir, car aucun employeur n'en voulait plus.

Une organisation poursuivie met toutes ses énergies et ses ressources en œuvre pour se défendre. Elle se paie les meilleurs avocats, fait appel aux psychologues industriels et aux coachs les plus chevronnés. La stratégie première est de faire traîner les procédures en longueur de sorte que vous ne cessez de déboursez toujours plus et que tous vos temps de loisir ou de repos passent à cette poursuite alors que vous étiez déjà épuisé, malade et en colère après des mois ou des années de frustration, de harcèlement et d'efforts pour fournir un rendement satisfaisant !

> Vous aurez en outre de nombreuses occasions de tomber dans les pièges des avocats de l'entreprise.

Pendant les procédures, vous aurez en outre de nombreuses occasions de tomber dans les pièges des avocats de l'entreprise, de vous montrer sous votre pire jour, de ne pas être aussi irréprochable que tous les représentants de l'organisation appelés comme témoins. Qui plus est, l'employeur produira des dossiers volumineux pour démontrer votre incapacité physique ou mentale, ou votre simple incompétence à accomplir les tâches demandées. Ces dossiers contiennent souvent des inexactitudes, des chronologies incomplètes, des témoignages hors contextes. Ils seront néanmoins acceptés sans vérification par le juge, car ils sont réputés provenir de systèmes d'entreprises. Vous en recevrez copie, mais toujours à la dernière minute, et ne pourrez sans doute pas en faire le tour. Devant autant de preuves de la bonne foi de l'entreprise et de ses efforts pour vous venir en aide, le juge la déclarera justifiée de ses agissements et l'exonérera de tout blâme. En fin de compte, vous serez probablement contraint d'abandonner la poursuite.

Des personnes se sont suicidées pendant et après de telles poursuites, tellement elles étaient épuisées et fragilisées par les façons de faire des organisations. D'autres ont fait des dépressions profondes dont elles ne se sont jamais complètement remises. Et presque toutes ont perdu leurs épargnes, leurs biens et leur famille dans l'aventure.

Si vous n'avez pas gagné à la loterie et que vous ne pouvez envisager la procédure en marge de votre vie normale, ne vous lancez pas dans cette galère. La victime d'un mangeur de chair qui poursuit une organisation est comme la victime d'un acte criminel. Elle n'a rien demandé, elle ne mérite pas ce malheur, mais elle en subit les plus lourdes conséquences et paie le gros de la facture.

Vous décidez tout de même de recourir à la poursuite? Alors, ne jouez pas le jeu des employeurs. Ne poursuivez pas l'organisation pour vous avoir licencié ou pour rupture de contrat. Ne la poursuivez pas pour ce qu'on vous a fait, mais pour ce qui ne se faisait pas. Poursuivez un individu, à savoir le patron dont l'incompétence, les erreurs, les manipulations et les mensonges vous ont causé des dommages. Et faites en sorte que les conclusions portent atteinte à sa crédibilité plutôt que de remettre vos capacités en cause.

RÉSOLUTIONS

J'y pense 1000 fois avant de poursuivre un mangeur de chair.

J'élabore avec soin ma stratégie de poursuite.

Bien qu'exigeantes, les voies de rupture débouchent sur de bien meilleures perspectives. Encore ici, le choix est vôtre. Soit vous restez sous le joug du mangeur de chair pour le confort et la sécurité du connu au prix de votre santé et de votre réputation, soit vous vous en séparez au prix d'efforts et de courage pour votre épanouissement, pour plus de confort et finalement pour tout autant de sécurité.

3.

Les organisations infestées

LETTRE OUVERTE AUX PDG ET AUX ADMINISTRATEURS

Chers leaders et collaborateurs, nous devons reconnaître qu'une organisation ne peut échapper aux effets nocifs de l'influence de ses chefs de file quand elle s'abreuve au phénomène des mangeurs de chair. Il y a pourtant, entre gestionnaires, une grande réserve à discuter de la crédibilité des dirigeants et du respect des troupes envers eux en tant que facteurs de succès et de rendement.

Nous répugnons à nous ingérer dans les affaires de nos collègues, à jouer les donneurs de leçons. Pour appartenir à notre club, il importe de ne s'aliéner personne.

Sachant fort bien que le style de leadership constitue un avantage non négligeable sur les compétiteurs, pourquoi donc chercher à favoriser de saines interactions?

- Parce que nos entreprises et nos organisations doivent performer davantage.

- Parce que notre productivité n'est pas ce qu'elle pourrait être, et que nous manquons de multiples rendez-vous avec l'excellence.

- Parce que trop de personnes font «avec», font «comme si», font «en attendant» alors qu'elles pourraient faire leur possible, faire de leur mieux, faire plus.

- Parce que nous devons rendre hommage à toutes ces personnes qui tentent jour après jour de donner le meilleur d'elles-mêmes malgré leurs patrons mangeurs de chair.

À propos de la direction des Ressources humaines

Dans le cadre d'un colloque, des conseillers en Ressources humaines décrivaient les plaintes reçues sur les patrons à tous les niveaux de leur organisation respective. Les structures et les domaines d'activités variaient, mais les comportements des mangeurs de chair se ressemblaient.

Certains patrons humilient régulièrement leurs gens devant témoins. Ils interpellent durement et donnent des surnoms peu flatteurs. Ils ressortent souvent, dans la conversation, une erreur, une maladresse d'il y a longtemps. De petites phrases laconiques à l'humour douteux se glissent dans leurs propos en guise de messages, faute de s'être donné la peine d'exprimer plus clairement et plus sobrement leur pensée. Plusieurs intimident même à coups de sous-entendus, de blasphèmes ou de ricanements. Ils élèvent le ton à propos de tout et de rien, menacent et font du chantage en laissant planer le spectre d'une éventuelle sanction.

Chaque cas rapporté par un des conseillers trouvait écho chez les autres. Chacun des comportements cités était partout fréquent. Tous parlaient de ces patrons qui ignorent leurs gestionnaires et les court-circuitent. Ils soulignaient le fait qu'au lieu d'être présents et disponibles, beaucoup sapent l'influence et la crédibilité des paliers de gestion inférieurs. Ils en avaient aussi long à dire sur les intoxiqués du bureau, qui y passent leur vie et méprisent tous ceux qui ne font pas preuve du même engagement qu'eux. Leurs témoignages confirmaient que les patrons incompétents pensent que leurs employés ne savent pas ce qu'ils cachent. Ces patrons croient en effet que personne ne voit leurs petits manèges, leurs mauvaises habitudes, leurs erreurs, leurs défauts, leurs injustices. Tous les directeurs de Ressources humaines ont toutefois en main des dossiers étoffés sur ces mangeurs de chair !

Si la personne est la ressource la plus importante de nos organisations, il devrait aller de soi que la direction des Ressources humaines exerce la même influence sur la haute direction et le conseil d'administration que la direction des Finances. Les données des RH fournissent des indicateurs de productivité aussi fiables et clairs que les états financiers. Elles sont gérées par des gens parmi les plus compétents de l'organisation, et lorsqu'on mise sur la qualité de leur travail, les changements prennent des allures de défis, et les nouvelles façons de faire deviennent des occasions de développement et de découverte de talents.

Les statistiques parlent dans les unités dont le personnel change constamment, dans celles que l'on quitte rapidement et dans celles où personne ne veut aller. La direction des Ressources humaines recueille ces données, les valide et peut fournir au patron mangeur de chair les outils et la formation nécessaires pour l'aider à corriger le tir. Si elle n'y parvient pas, elle a la responsabilité d'en informer la direction, qui doit à son tour examiner attentivement les données fournies et prendre les mesures qui s'imposent. Sinon, nous encourageons nos mangeurs de chair et devenons complices de leurs dégâts.

Les affaires dont s'occupe la direction des Ressources humaines sont délicates et confidentielles, mais elles doivent être traitées au vu et au su de l'ensemble des employés, qui peuvent ainsi juger de la crédibilité et de la compétence de l'ensemble des dirigeants. Le reproche le plus fréquent des personnes qui ont cherché de l'aide auprès de leur direction des Ressources humaines tient à ce qu'elle se comporte de la façon la plus rigide qu'on puisse imaginer.

Paradoxalement, la réputation de ces directions ne reluit guère non plus auprès de la haute direction, qui les juge incompétentes, maternelles, naïves et molles. À l'instar des employés, elles n'arrivent pas toujours à se faire entendre, et elles finissent par baisser les bras lorsqu'elles constatent qu'elles ont perdu toute crédibilité de part et d'autre.

En conséquence, le personnel le plus courageux et le plus expérimenté dans le domaine des ressources humaines ne reste pas longtemps chez des mangeurs de chair. Et quand il ne part pas, il attend des jours meilleurs, fait ce qu'il peut, mais perd toute imagination et toute énergie pour protéger les autres. Bref, les directions en question passent alors en mode survie, étant elles-mêmes devenues des victimes.

Redressons la situation et aidons à combattre le phéno-mène des mangeurs de chair en tissant des liens avec la direc-tion des Ressources humaines, en la soutenant dans ses diagnostics et en utilisant ses statistiques dans nos décisions de gestion.

À propos de notre guerre

Certains d'entre nous sont toujours sur le sentier de la guerre. Notre temps est précieux et nous n'avons jamais une minute à perdre. Nos préoccupations, nos questions, nos opinions occupent toute la place. Notre jugement est sans nuance et sans appel.

Que la raison d'être et les activités de la compagnie soient conformes à nos valeurs ou non n'a pas grande importance. Pour peu que nous nous heurtions à une quelconque opposition, nous déclenchons une chasse sans merci aux dénonciateurs et aux objecteurs qui se dressent sur notre passage. Nous entretenons la perception que la moindre critique envers nous, les dirigeants, sent la déloyauté et ternit l'image de la compagnie. Le cas échéant, nous nous empressons de réparer l'affront en sévissant impitoyablement contre nos détracteurs. Nombreux sont les employés ainsi mis au ban et privés d'avenir, tristes dépouilles de notre guerre imaginaire.

À propos de notre relation avec la base

Plusieurs d'entre nous visitent bien plus souvent les salles de réunions, les amphithéâtres et les grands halls que les installations de l'entreprise que nous dirigeons. Quant à son histoire, combien d'entre nous la connaissent vraiment ? Dans notre bulle, l'attention porte plus volontiers sur les données globales, les statistiques de rendement, l'évolution des coûts et les ratios de production. Nous croyons fermement que l'organisation doit ses résultats au fait que nous sommes à la barre et que nous veillons à toutes ces choses importantes.

Ce raisonnement simpliste soulève un vent de panique au moindre écart de pourcentage par rapport aux prévisions, et justifie d'emblée de brusques décisions qui ont pour effet de désorganiser les services et de perturber les opérations au détriment de la production. Nous avons oublié que la base peut nous fournir réponses et solutions à tous les problèmes de productivité et de rendement. Mais pour cela, il faut que nous restions en contact avec le cœur et la force vive de l'organisation, que nous nous en donnions les moyens et que nous adoptions les comportements qui s'imposent à cette fin. Nous avons d'autant plus intérêt à le faire que la mise à contribution des principaux intéressés dans les dossiers majeurs, au-delà de la ligne hiérarchique, ne peut que motiver nos gens et accroître leur engagement de même que leur sentiment d'appartenance.

Nos rencontres avec la base sont si rares et si limitées que leur pertinence et nos intentions sont mises en doute quand nous en organisons. Si nous craignons, en faisant nos devoirs, de miner la crédibilité des équipes de gestion, c'est bien parce que les mangeurs de chair parmi nous entretiennent cette crainte, car la réalité est tout autre. Les gens compétents et équilibrés peuvent ouvertement discuter sans s'accuser ni se croire jugés. Ils comprennent que personne ne sait tout et qu'ils peuvent apprendre des autres.

Nous pourrions, par exemple, faire meilleur usage des techniques d'enquête. Il arrive en effet trop souvent que l'organisation fasse un sondage pour ensuite déclarer les résultats inexacts, biaisés ou non probants. C'est qu'il est difficile à un mangeur de chair de se reconnaître une quelconque responsabilité dans un gâchis. N'allons donc pas confier à un mangeur de chair la tâche d'élaborer ou d'interpréter un sondage! Dans une organisation infestée, personne ne se bousculera pour y répondre, sachant très bien qu'en haut lieu, on fera tout pour l'invalider, en manipuler les résultats et faire pleuvoir les sanctions. Maintes organisations ont ainsi aggravé leur cas en accélérant la mise en œuvre d'un plan ou d'une décision dont un sondage avait clairement révélé les failles.

Les outils pour rester en contact avec la base existent, et ils sont efficaces. Mais il faut du courage pour les implanter et de la volonté pour en maintenir l'utilisation. Les employés apprécient les consultations, surtout lorsqu'elles donnent lieu à des améliorations tangibles. Ils sont toutefois vite refroidis lorsqu'ils se sentent manipulés, et irrémédiablement blessés lorsqu'on trahit leur confiance et qu'on sévit contre eux pour avoir fait preuve d'honnêteté.

À propos des crises

Nous devons admettre que nous aimons les crises. Elles présentent des défis, nous stimulent et nous procurent un fort sentiment d'utilité. Elles nous obligent à nous dépasser. Certains d'entre nous possèdent même une expertise à nulle autre pareille pour créer des crises. Qu'elles soient inventées de toutes pièces, qu'elles prennent des allures de tempête dans un verre d'eau ou qu'elles servent de prétexte à une avalanche de choix et de décisions médiocres, elles nous permettent invariablement de détourner l'attention de ce que nous préférons être seuls à maîtriser.

N'avons-nous pas conscience de ce que les crises que nous déclenchons sapent les énergies vitales à la productivité de l'organisation? Sans parler de ce qu'il en coûte pour réparer les dégâts ainsi causés. Qu'à cela ne tienne. L'heure des bilans venue, nous nous éclipsons habilement ou jetons lestement de la poudre aux yeux pour faire croire que tout aurait pu être pire sans notre brillante performance.

La crise nous met en valeur, mais elle peut être dangereuse pour l'organisation. Réelle et bien gérée, elle renforce notre crédibilité et affermit la loyauté des troupes. Factice et stérile, elle affaiblit cependant l'organisation.

À propos des tendances

Parlons maintenant de ceux et celles d'entre nous qui passent d'une entreprise à l'autre en appliquant partout les mêmes recettes. Ils endommagent le capital humain, car ils ne se préoccupent pas vraiment du contexte de l'organisation ni de son stade d'évolution, et encore moins des caractéristiques de sa main-d'œuvre. Ils n'introduisent aucune idée originale et n'insufflent pas la moindre créativité. Ils grugent au contraire les énergies en faisant valoir qu'ils savent mieux que tous ce qu'il faut pour performer.

Comme seuls les chiffres officialisent la performance, leur unité ou leur organisation doit être première sur papier, et ce, dans tous les rapports. Et pour être premiers, ils n'hésitent pas à contester les modèles statistiques, à changer la structure des postes budgétaires ou à redéfinir le contenu des données. En fait, ils consacrent plus de temps à ces manœuvres qu'à comprendre et combler les besoins de ceux et celles dont dépend la performance réelle, celle qui donne la vraie mesure de l'entreprise au-delà de tous les tours de passe-passe qu'on peut faire sur papier.

Nos airs de vedettes ou de grands seigneurs, nos propos savamment pesés et notre ton implacable font de nous des tyrans qui imposent leurs règles, quel qu'en soit le prix pour les autres. Collaborateurs, collègues et employés sont à notre entière disposition et finissent toujours par se plier à nos volontés, à faire ce que nous leur demandons. Nous créons des pions consentants, et en usant d'intimidation et d'intolérance pour arriver à nos fins, nous nous comportons à vrai dire en terroristes.

Qui veut tous les honneurs ne peut les partager. Qui ne tolère aucune erreur ni n'admet la plus petite imperfection cache ses échecs et punit sévèrement ceux des autres. Le patron qui n'écoute ni son conjoint ni ses enfants ne pourra jamais écouter son personnel. Le patron qui ne s'intéresse pas aux activités de l'organisation ne formulera jamais d'objectifs stimulants ni réalistes. Et celui qui se vautre dans ses vieilles habitudes ne verra pas les initiatives et l'innovation d'un bon œil.

Nous avons bien appris ce qu'il faut faire pour satisfaire nos ambitions. La façon la plus efficace d'obtenir ce que l'on veut passe par l'autorité, le contrôle et la coercition. Nous arrivons même à nous convaincre − on nous l'a répété tant de fois − que la participation prend trop de temps, que le développement coûte trop cher et que la transparence avantage la concurrence. Épuiser nos employés jusqu'à les rendre malades est devenu normal ; c'est à nos yeux le prix à payer pour gagner. Et c'est dommage, parce que c'est faux !

À propos de certains de nos modèles

Nous devrions mettre à la poubelle certains de nos modèles hiérarchiques et rigides.

Je parle de ces modèles qui isolent les équipes et renforcent la tyrannie des patrons mangeurs de chair. Qui vont à l'encontre de la participation aux décisions. Qui découragent les discussions et les échanges directs entre la base et les échelons plus élevés. Qui mettent l'accent sur l'esprit de clan plutôt que sur le réseautage ouvert et la libre circulation de l'information.

Dans ces modèles, l'exclusion est le critère, de sorte que nous perdons le réflexe de l'inclusion.

À propos des récompenses

Certains d'entre nous ont déjà décidé de ne plus embaucher de patrons mangeurs de chair. Mais il y en a encore dans nos organisations. Il s'agit en fait d'une lutte incessante que nous sommes assurés de perdre si nous nous croyons impuissants à intervenir ou gênés de le faire.

Cela dit, la purge peut être relativement rapide et efficace si nous nous attaquons à la corde sensible du mangeur de chair. C'est un performant. Il est en tout point parfait. Faisons-lui toutefois comprendre qu'il ne touchera pas le boni promis si son passage laisse des traces de gaspillage de personnes. Nous avons conscience de la difficulté de sa tâche et nous apprécions ses résultats au plus haut point, mais nous n'en voulons pas à n'importe quel prix. Nous visons par-dessus tout la survie et la santé de l'entreprise, de même que la durabilité des résultats. Si nous tenons ce discours plutôt que d'encenser sans réserve, le mangeur de chair comprendra vite que ses méthodes ne sont pas acceptables et qu'elles ne seront pas récompensées. À nous de le débusquer et de le mettre au pas ou de l'évincer s'il s'avère incorrigible.

L'heure est aux choix

À l'instar des grands magasins où le client trouve tout à son rythme et suivant ses goûts, et où il est libre de ses choix, une organisation devrait permettre à tous ses employés de la découvrir et d'y évoluer à leur gré, leur donner l'occasion d'y puiser ce dont ils ont besoin, et leur laisser suffisamment de marge de manœuvre pour être en mesure de changer rapidement ce qui ne va pas dans leur secteur d'activité.

Pour augmenter la performance sans investir un sou de plus que ne le permet le budget, la sagesse nous commande de bannir les patrons mangeurs de chair, de transformer les modèles de structures fermés et d'offrir un terrain de participation à tous les talents.

Au-delà de ces considérations, la route à suivre pour réduire le gaspillage d'un leadership contaminé passe par une bonne dose de réalisme et de gros bon sens. Appuyons-nous sur une solide connaissance de l'organisation plutôt que sur des recettes, des techniques et des modes pour décider, choisir et agir. Cela dit, ne nous leurrons pas ; il n'y a pas de solutions faciles aux problèmes complexes.

JE SUIS PATRON. QUE FAIRE ?

Pour vous, patrons, je propose un cheminement à trois volets. D'abord un bulletin pour vous situer dans l'échelle des mangeurs de chair. Ensuite, quelques pistes pour améliorer les comportements que vous choisirez de modifier. Enfin, dix commandements pour antimangeur de chair.

Le bulletin

L'examen consiste à noter vos attitudes et vos comportements dans le confort et la confidentialité du lieu de votre choix. Vous seul en connaîtrez donc les résultats. Vous pourriez par ailleurs demander à des collaborateurs, à des amis ou à des membres de votre équipe de se prêter eux-mêmes à l'exercice, toujours dans l'anonymat.

Avant de commencer, afin d'écarter la tentation de la complaisance, prenez le temps de recueillir certains renseignements. Dans une grande organisation, ces renseignements proviendront de la direction des Ressources humaines. Les données en question, énumérées ci-après, vous permettront de dépister certaines tendances, et le portrait sera plus complet si elles portent sur plusieurs années et divers groupes de l'organisation. La comparaison entre groupes fera notamment ressortir des situations où des leaders ont pu abîmer votre personnel. Les mangeurs de chair attribuent généralement les tendances de cet ordre à une situation de crise, à des décisions d'affaires incontournables, à une résistance au changement, au vieillissement de la main-d'œuvre ou à des attitudes historiques, sans s'y attribuer la moindre part de responsabilité.

PORTRAIT DE LA SITUATION
1. L'absentéisme sous toutes ses formes – il augmente peu de temps après l'arrivée d'un mangeur de chair ou à la suite d'évènements importants mal gérés.
2. Les départs d'employés compétents.
3. Les difficultés de recrutement – les candidatures se font rares.
4. Les maladies dues au stress.
5. Les suicides ou les tentatives de suicide.
6. Les taux d'erreurs et de rejets.
7. Le nombre de griefs.
8. Le nombre de plaintes.

En faisant courageusement l'analyse de ces données, vous commencerez à percevoir les effets du phénomène des mangeurs de chair. Vous conclurez alors que certains groupes sont plus mal en point que d'autres, ou que l'ensemble de l'organisation est devenue vulnérable.

Pour bien faire le tour de la situation, vous devez ensuite remplir votre bulletin personnel.

BULLETIN PERSONNEL

Mots, comportements et attitudes qui usent

Cochez tous les éléments qui font partie de votre façon de diriger selon que vous y avez recours de façon régulière, occasionnelle ou rare.

	SOUVENT	À L'OCCASION	RAREMENT
1. Les insultes	◯	◯	◯
2. Les gros mots	◯	◯	◯
3. Les accusations	◯	◯	◯
4. Les mensonges	◯	◯	◯
5. Les cachotteries	◯	◯	◯
6. Les colères	◯	◯	◯
7. Les brusqueries	◯	◯	◯
8. Les humiliations	◯	◯	◯
9. Les blâmes	◯	◯	◯
10. Le favoritisme	◯	◯	◯

Souvent : corrigez-vous, c'est urgent !
À l'occasion : cherchez sérieusement comment faire autrement.
Rarement : vous êtes humain, après tout !

Être boss ou jouer au boss

	Oui	Non
1. Vos objectifs sont clairs.	◯	◯
2. Vos attentes sont réalistes.	◯	◯
3. Vous accordez une marge de manoeuvre.	◯	◯
4. Vous reconnaissez à tous le droit à l'erreur.	◯	◯
5. Votre soutien au quotidien comme en cas de coup dur est réel et senti.	◯	◯
6. Les gens comprennent vos décisions.	◯	◯
7. Vous êtes disponible pour expliquer les orientations.	◯	◯
8. S anctions et récompenses sont toujours en accord avec les résultats.	◯	◯
9. Vous avez du mal à choisir, à trancher et à prendre des décisions.	◯	◯
10. Votre approche aux situations a tendance à être lente et désorganisée.	◯	◯
11. Vos choix sont le plus souvent unilatéraux.	◯	◯
12. Vous changez fréquemment ou rapidement d'idée.	◯	◯
13. Les économies réalisées sont de peu d'envergure.	◯	◯
14. Les restructurations améliorent peu la situation.	◯	◯
15. Vos interférences sont fréquentes dans le cours des opérations.	◯	◯
16. Vous arrivez toujours à blâmer quelqu'un pour les résultats qui ne vous satisfont pas.	◯	◯

Vous avez répondu oui aux énoncés 1 à 8? Tout va bien.
Pour chaque réponse affirmative aux énoncés 9 à 16, il vous faut par contre ajuster le tir.

Des pistes

Vous êtes cadre depuis peu, ou pas encore dans la haute direction, et vous ne souhaitez pas agir en mangeur de chair ? Vous êtes sur la bonne voie si vous vous interrogez sur vos attitudes et vos pratiques de gestion.

Votre champ d'action est beaucoup plus vaste que vous pouvez le penser, plus vaste aussi qu'on veut bien vous le laisser croire. Sans compter que vos éventuels redressements peuvent être discrets. L'effort à fournir pour changer ses réflexes est sans doute exigeant, mais l'énergie qui en résulte compense largement cet effort. Si vous voulez performer sans jouer les mangeurs de chair, n'hésitez pas à progresser à petits pas vers des attitudes et des comportements plus décents et plus respectueux des personnes.

> Vous êtes cadre ? Votre champ d'action est beaucoup plus vaste que vous pouvez le penser.

SE GÉRER SOI-MÊME

Vous ne pouvez donner que ce que vous avez. Si vous ignorez ce qui vous motive, vous ne pourrez enthousiasmer personne ni convaincre qui que ce soit de se donner corps et âme pour ce que vous représentez. Si vous redoutez l'autorité et acquiescez à tout ce que vos supérieurs vous demandent, vos collaborateurs et vos subordonnés seront réticents à entreprendre de grands projets, de crainte de ne pouvoir compter sur votre appui.

Comment pouvez-vous espérer les épauler, les stimuler, les maintenir dans la bonne direction si vous changez constamment d'idée, si vous partagez peu l'information, si vous vous rendez inaccessible ? Les efforts que vous ferez pour mieux vous connaître vous aideront à développer vos qualités de leader. Le recensement des répercussions de vos comportements sur votre entourage vous fournira une mine d'information propre à guider vos choix de stratégies de gestion. Vous découvrirez en vous une source d'énergie inépuisable quand vous verrez clair dans vos objectifs, vos motivations et vos capacités réelles.

LE LEADER ACCOMPLI

Le chemin de la connaissance de soi donne du courage, de la confiance en soi et de la tolérance. Ces trois caractéristiques vous vaudront le respect. Le leader courageux ne sera jamais une lavette, un béni-oui-oui ou un lâcheur. Le leader confiant appuiera ses gens et ira au bout des idées de son équipe, même dans la nouveauté ou dans l'adversité. Enfin, se sachant lui-même imparfait, il tolérera les erreurs et les maladresses qui ponctuent l'apprentissage et façonnent l'expérience.

LE MANGEUR DE CHAIR

Malheureusement pour les organisations, nombreux sont les mangeurs de chair incurables parce qu'ils s'acceptent ainsi. Si tel est votre cas, il y a fort à parier que la productivité de votre organisation n'est pas à son maximum, car on sait dans les rangs que vous ne travaillez pas à bâtir.

NE PAS SE CROIRE LE MEILLEUR

Vous n'aurez aucune difficulté à vous faire entendre ou à contrôler des employés si vous les considérez comme des collaborateurs aussi importants que vous pour l'organisation. D'ailleurs, avec ou sans vous, vos employés obtiendront des résultats, mais vous n'obtiendrez aucun résultat sans eux !

LE LEADER GÉNÉREUX VS LE LEADER SECRET

Veillez à informer vos gens sur vos attentes et sur les objectifs à atteindre. Mettez autant d'énergie à assurer leur formation et à mettre les ressources nécessaires à leur disposition qu'ils en mettront eux-mêmes à accomplir la tâche que vous leur confiez, puis laissez-les à leur besogne. Prendre soin des gens qui travaillent avec vous et répondre à leurs besoins ne vous empêchera nullement de vous montrer ferme et exigeant. Respectez les différences, acceptez les arguments, expliquez patiemment, partagez la gloire, et votre équipe redoublera d'ardeur. C'est avec elle et grâce à elle que vous traverserez les tempêtes.

Partie prenante à la mission, votre équipe fournira un bien meilleur rendement que si elle était épuisée, méfiante et cynique.

ENCOURAGER LA LIBRE INITIATIVE

Enfants, nos parents choisissaient pour nous et nous rêvions du jour où, adultes, nous ferions nos propres choix. Vos employés sont des adultes, et si vous leur permettez de choisir leurs outils de travail et de gérer leur emploi du temps, vous verrez avec quel enthousiasme et quelle rapidité ils s'acquitteront de leurs responsabilités. Votre confiance et votre respect auront un effet notable sur leur productivité.

On a souvent tendance à croire que peu de choses peuvent être laissées au choix des employés. Mais de plus en plus d'entreprises et de patrons permettent aux employés de choisir leur équipe, les projets dans lesquels ils veulent s'investir, leur décor de travail, l'emplacement, et même la structure hiérarchique avec laquelle ils se sentent le plus à l'aise.

Dans nos organisations, les nouvelles générations travaillent avec des outils qui n'existaient même pas quand la plupart des patrons actuels avaient leur âge. Rassemblez donc une équipe, exposez-lui les objectifs et les attentes de la direction, puis laissez tout un chacun exprimer ses besoins et choisir sa façon de travailler.

OSER

J'entends déjà vos objections... Je vous invite cependant à faire taire vos vieux réflexes et à oser de simples essais. N'annoncez rien avec tambour et trompettes pour ensuite n'accoucher que d'une souris. Ne vous lancez pas non plus dans un vaste projet pilote assorti d'un épais manuel destiné à bien encadrer l'essai. Échangez plutôt avec des collègues, des groupes d'employés, des associations ou des chercheurs ayant déjà mené ou décrit des expériences semblables. Partagez les constats avec votre équipe en explorant avec elle les perspectives d'un environnement de travail plus inspirant et plus performant. Le scepticisme étant généralement de mise face aux initiatives sorties de nulle part, songez à aborder le sujet à partir de problèmes qu'on vous signale depuis un certain temps, sinon à profiter d'un déménagement, d'un départ ou de la mise en œuvre d'un nouveau projet.

Bref, faites en sorte que votre proposition soit reçue comme une véritable occasion de tirer le maximum des conditions en place, et non comme une décision de gestion fondée sur une nouvelle mode administrative.

CULTIVER LES LEADERS

Le rôle le plus essentiel d'un patron est de faire naître les leaders de demain. Pour assurer sa survie et son succès, l'organisation doit attirer ceux et celles qui créeront les produits et services du futur. Elle doit leur offrir défis et perfectionnement pour les garder à son service. Or, seuls les patrons sont en mesure de mener à bien cette tâche cruciale. Seuls les gestionnaires en place aux différents niveaux de l'organisation peuvent identifier le potentiel et les talents de leurs effectifs. Eux seuls peuvent assigner les projets qui les feront grandir. Eux seuls peuvent stimuler les troupes et moduler une erreur ou un échec.

Si vous ne prenez pas ombrage des succès de vos employés et que vous faites sortir leur leadership, vous n'êtes pas un mangeur de chair. Si, au contraire, vous persistez à voir vos subalternes comme des adversaires potentiels ou des rivaux à éliminer, vous êtes sans doute incurable.

Faciliter l'émergence des leaders fait partie de votre travail. Ceux que vous aiderez à briller ne vous oublieront jamais. Ils répondront toujours à vos appels et n'auront que des éloges à votre endroit. En revanche, ceux que vous abîmerez ne rateront pas une occasion de ternir votre image, et ils emploieront davantage leurs énergies à survivre ou à fuir qu'à travailler. N'oubliez pas que les talents qui vous quittent pour mieux fleurir vont gonfler les rangs de vos concurrents !

FAIRE CIRCULER L'INFORMATION

Les mangeurs de chair pensent que plus leurs employés détiennent d'information, plus ils s'y perdent et moins ils travaillent. Ils estiment en outre gaspiller un temps précieux à répondre aux questions de leur personnel. Mais ils font fausse route, car plus vous informez, plus votre équipe devient elle-même une source d'information pour vous. Une équipe informée reste à l'avant-garde des progrès. Elle peut anticiper des difficultés et réagir plus rapidement et plus adéquatement dans toute situation. Et quand vient le temps de défendre ses travaux, elle est à même de fournir tous les arguments pertinents.

Ici aussi, vous pouvez faire vos classes par petits pas. Organisez des rencontres multiniveau, multiservice. Tenez des forums, organisez des remue-méninges sous prétexte de résoudre des conflits, planifier des changements, clarifier des problèmes ou simplement exprimer des idées. Favorisez les échanges informels. Un flot continu d'information de qualité provenant de discussions ouvertes précise les objectifs et les met en perspective, tout en favorisant la convergence des travaux et une accélération de la production. Les rumeurs, les incertitudes et les approximations cèdent la place à l'action et aux résultats. Informer prend du temps, dites-vous ? C'est vrai, mais les fonctions de contrôle s'en trouveront grandement allégées, et le nombre de corrections ou de reprises, considérablement réduit, ce qui est loin d'être négligeable dans un horaire chargé.

ÉRIGER LE BIEN-ÊTRE EN OBJECTIF PRIORITAIRE

Les employés s'intéressent aux comptes rendus de résultats, aux plans de projets et aux objectifs budgétaires. Ils se sentent toutefois davantage concernés et épaulés quand des objectifs touchant leur bien-être et leur sécurité figurent au rang des priorités plutôt qu'à la fin d'une longue liste. La diminution du nombre d'accidents, l'aménagement de lieux agréables et fonctionnels, la possibilité de travailler de la maison, l'ajout d'équipement, l'assouplissement des horaires de travail, l'organisation de rencontres informelles régulières et la prise en compte de suggestions du personnel constituent autant de sources de priorités ciblées sur le bien-être des gens. Tentez de discrètes expériences, et découvrez un monde d'idées précieuses, invisibles dans l'agitation et la pression quotidienne, mais qui n'en cachent pas moins les irritants et les souhaits de l'heure, auxquels vous pourrez donner suite à la satisfaction et dans l'intérêt de tous.

LES 10 COMMANDEMENTS DE L'ANTIMANGEUR DE CHAIR
1. Un titre ne vous garantit ni autorité ni crédibilité.
2. Donnez des orientations plutôt que des ordres.
3. Respectez l'avocat du diable, en vous et autour de vous.
4. Rien de plus facile que d'être occupé, rien de plus utile que d'être disponible.
5. Apprenez à connaître vos collaborateurs, employés, collègues et supérieurs.

6. Respectez le rythme d'assimilation et d'apprentissage de chaque individu.
7. La discussion apporte plus de solutions que l'obéissance.
8. Laissez vos gens fixer les objectifs.
9. Ne pensez qu'à vous, ils ne penseront qu'à eux.
10. Respectez l'histoire de l'organisation.

4.

Comment s'immuniser ?

ADIEU, ORGANISATIONS INFESTÉES ET PATRONS MANGEURS DE CHAIR !

À la recherche d'un emploi, cadre de fraîche date ou victime en fuite d'un mangeur de chair, vous ne voulez en aucun cas vous retrouver sous la poigne d'un de ces sinistres individus. Vous êtes bien averti si vous venez de lire les chapitres précédents, mais pour augmenter vos chances de vous en prémunir, vous avez encore des devoirs à faire. J'en ai donc fait la matière de ce dernier chapitre.

> Choisissez votre organisation et vos patrons avec le même soin qu'ils mettent à vous choisir.

Vous pouvez dépister le mangeur de chair et l'organisation infestée avant qu'ils vous embauchent. Cela dit, si vous êtes déjà aux prises avec un mangeur de chair, sachez que quelle que soit votre situation, vous pouvez toujours choisir d'en changer. Combattre les comportements du mangeur de chair envers vous, lui tenir tête et résister à ses assauts demande de l'énergie, mais si vous choisissez de gérer la situation en toute connaissance de cause, vous tirerez mieux votre épingle du jeu.

Pour peu que vous ne soyez pas déjà une victime, songez sérieusement à vous faciliter la vie. Choisissez votre organisation et vos patrons avec le même soin qu'ils mettent à vous choisir. Faites vos devoirs avant d'accepter un poste. Si vous faites déjà partie de l'organisation, vous pouvez savoir à quel genre de patron immédiat vous aurez affaire dans une autre unité. Si vous ne faites pas encore partie de l'organisation, votre préparation peut s'avérer plus ardue et les renseignements voulus, plus difficiles à obtenir. Ils sont néanmoins disponibles avec un peu d'effort et d'imagination.

Vous n'avez pas beaucoup d'expérience sur le marché du travail? Raison de plus pour bien vous préparer. Si le poste accepté doit malgré tout vous amener à découvrir un mangeur de chair, vous le saurez plus vite. Vous garderez le calme nécessaire pour ne pas commettre d'erreurs nuisibles à votre réputation, et vous grandirez de l'expérience sans trop vous abîmer.

De nombreuses publications peuvent vous conseiller dans la préparation d'entrevues, mais vous disposez dorénavant d'un outil supplémentaire, puisque vous pouvez compléter cette préparation en y incluant le dépistage des mangeurs de chair et des milieux favorables à leur prolifération. L'information officielle pour faire un choix éclairé en ce qui a trait à l'harmonie entre l'organisation et vos valeurs, vos besoins et votre personnalité est disponible et accessible. Il ne tient qu'à vous de prendre quelques heures pour effectuer un travail de préparation et vous éviter bien des déceptions ou un cheminement pénible de plusieurs mois, voire de plusieurs années.

COMMENT ÉVITER L'ORGANISATION INFESTÉE

Pour vous aider à dépister l'organisation infestée avant de choisir votre futur employeur, incorporez les facteurs du répertoire suivant dans votre préparation à l'emploi. Si vous êtes déjà au service d'une organisation ou d'une entreprise, vous pouvez utiliser ce même répertoire pour la passer au crible. Selon les résultats, vous voudrez peut-être quitter votre employeur plutôt que de chercher à changer d'équipe ou de patron.

RÉPERTOIRE DE FACTEURS À CONSIDÉRER

1. La structure organisationnelle est-elle ouverte et dynamique, ou lourde et conservatrice ? Laisse-t-elle de la place à la participation et à la créativité ? Offre-t-elle une marge de manœuvre, ou tout y est-il uniforme et normalisé ? Les horaires y sont-ils flexibles, ou soumis à des contrôles rigoureux ?

2. Qu'advient-il des suggestions dans l'organisation ? Sont-elles encouragées et donnent-elles lieu à des initiatives d'amélioration issues de la base ? Un processus simple et efficace permet-il d'apporter les changements raisonnables qui s'imposent, sans pour autant reposer sur un système de récompenses pécuniaires en fonction des économies réalisées grâce aux bonnes idées ?

3. L'organisation a-t-elle fait l'objet de sanctions auprès d'organismes de réglementation nationaux ou internationaux sur le plan financier, technique ou juridique ? Paie-t-elle régulièrement plus d'amendes que les entreprises de son secteur d'activité ? Fait-elle l'objet de poursuites pour manquements graves (sang contaminé, médicaments dangereux, bactéries, déversements toxiques, exploitation de main-d'œuvre enfantine, contrebande, tabagisme, fraudes, etc.) ?

4. L'organisation a-t-elle connu de rudes conflits de travail ? A-t-elle fait ou fait-elle des mises à pied massives et systématiques ? Conteste-t-on ou questionne-t-on ses comportements ou ses activités dans certaines de ses places d'affaires ?

5. L'organisation joue-t-elle pleinement son rôle de citoyen corporatif, ou limite-t-elle son engagement à quelques commandites d'activités locales ? Lance-t-elle et favorise-t-elle des initiatives visant à améliorer la qualité de vie dans son milieu ? A-t-elle signé la Convention de l'ONU contre la corruption ?

6. L'organisation figure-t-elle au palmarès de mouvements écologiques pour comportements irrespectueux, abusifs ou illégitimes ? Ses produits et ses activités contribuent-ils à la détérioration de l'environnement, à la disparition de milieux naturels ou à la dislocation de milieux sociaux ?

7. L'organisation a-t-elle fait l'objet de mentions relatives aux droits de la personne dans les rapports d'Amnistie Internationale ? La sait-on, par les médias, exercer ses activités dans des pays délinquants ou des réseaux peu recommandables ?

8. L'organisation s'adapte-t-elle aux préoccupations des nouveaux types de consommateurs dits éclairés : conscience verte, commerce équitable, simplicité volontaire ?

9. L'organisation dispose-t-elle d'un code d'éthique en bonne et due forme et est-elle réputée s'efforcer de l'appliquer, ou au contraire montrée du doigt dans les médias ou dans des rapports d'organismes comme Transparency International ? Y discute-t-on de l'aspect moral et éthique des décisions ? Encourage-t-elle les gens à se poser les questions essentielles, au-delà du respect des lois et de l'application des procédures ?

10. L'organisation possède-t-elle un système d'entraide bien développé, dans lequel cellules de soutien, mentorat et coaching ne sont pas que des mots ? La formation et le perfectionnement y visent-ils la créativité, l'épanouissement personnel, la gestion du stress et la participation ?

À titre d'information, les entreprises et les organisations qui empruntent la voie du respect des personnes et de leur milieu sont de plus en plus nombreuses. On les retrouve parmi les sociétés Fortune 100, et aussi bien à l'échelle locale que nationale ou internationale.

COMMENT ÉVITER LES MANGEURS DE CHAIR

Vous savez maintenant à quoi vous en tenir en ce qui concerne l'organisation et vous êtes sur le point d'aller en entrevue. N'oubliez pas que vous avez aussi votre mot à dire sur votre futur patron. De plus en plus de candidats refusent d'ailleurs le poste qu'on leur offre après une entrevue. Voyons donc comment inclure à l'entrevue votre propre entretien d'embauche.

Dans le cadre des entrevues et des rencontres d'embauche, on réserve toujours du temps pour les questions du candidat. Ce temps est bien sûr compté, mais les responsables de la sélection respectent les candidats dont les questions sont claires et intéressantes. Vos questions en disent après tout autant sur vous et vos valeurs que leurs propres questions et leurs tests.

Le premier questionnaire ci-après est conçu pour le cas où le futur patron ne fait pas partie du jury de sélection. S'il en fait partie, le deuxième questionnaire vous aidera à obtenir son point de vue et à mieux cerner la personne sous la gouverne de laquelle vous pourriez passer les prochaines années. Choisissez avec soin quatre ou cinq questions dans le questionnaire qui s'applique à votre situation pour augmenter vos chances de profiter au maximum du temps mis à votre disposition.

Si le contexte ne vous permet pas d'obtenir des réponses à toutes les questions que vous avez retenues, sachez que dans tous les cas, deux ou trois questions paraîtront tout à fait raisonnables à vos interlocuteurs.

Si au contraire toutes vos questions ont trouvé réponse au cours de l'entrevue, vous pouvez tout de même vous distinguer en soulignant l'importance de certaines valeurs ou préoccupations personnelles. Le cas échéant, exprimez en une phrase ou deux ce qui était prioritaire à vos yeux, et faites savoir que l'entrevue a couvert ces points à votre satisfaction.

L'ENTREVUE SANS LE FUTUR PATRON

En quoi consistera plus particulièrement le travail de cette équipe ou de l'organisation au cours des prochains mois ?
Quelles sont les grandes forces de l'équipe ou de l'organisation ?
De quelle façon communique-t-on au personnel les objectifs et les attentes de la direction ?
De quelle autonomie dispose-t-on sur le plan technique, professionnel ou administratif ?
Quelle place occupent la formation et le perfectionnement dans ce milieu ?
Comment entrevoit-on l'avenir de l'organisation ou de cette équipe en particulier ?
Quelles sont les valeurs auxquelles on souhaite me voir adhérer ?
Quelle est la réalisation dont l'organisation est la plus fière au cours des cinq dernières années ?
Quelle reconnaissance l'organisation ou l'équipe a-t-elle obtenue récemment ou cherche-t-elle à obtenir à l'avenir?

Quelles sont les causes soutenues par l'organisation ?

Comment récompense-t-on les équipes et les individus performants ?

Existe-t-il un processus pour donner suite aux idées et aux suggestions provenant de la base ?

L'ENTREVUE AVEC LE FUTUR PATRON

Faites aussi vos devoirs pour mieux connaître votre futur patron. Consultez son parcours, rencontrez des gens qui travaillent dans son équipe ou qui l'ont quittée. Il est souvent possible d'avoir accès aux données sur l'absentéisme, la rotation du personnel ou la réputation de l'équipe sous la gouverne de ce patron. Son unité, sa direction se voit-elle confier de nouveaux projets ? Est-il en poste depuis longtemps ?

Réservez ensuite quelques questions parmi celles qui suivent pour la fin de l'entrevue. Les réponses que vous obtiendrez vous rassureront (ou non) sur le style de gestion et les valeurs de votre vis-à-vis.

Sa règle d'or.

Trois mots propres à définir son équipe.

Sa définition de la loyauté.

Ce qui le rend heureux, ce qui l'enthousiasme.

Son style de prise de décision.

Son ouverture aux rencontres individuelles, aux discussions, aux avis et aux opinions.

La latitude qu'il vous accordera dans le choix des priorités, des contenus, des outils nécessaires à votre performance.
La sélection des membres des équipes de travail, de projets, de quart.
Le mode d'attribution des tâches lorsque se présentent de nouveaux dossiers, cas, projets ou études.
La flexibilité des horaires.

TROIS VRAIS LEADERS ANTIMANGEURS DE CHAIR

Suivent trois exemples de dirigeants remarquables. À la tête d'entreprises prospères, ces leaders prennent grand soin de leur plus importante ressource et veillent à la protéger des mangeurs de chair.

Une aciérie au lendemain d'une explosion

Dans le Midwest américain, une explosion détruit presque entièrement l'aciérie qui a donné naissance à la petite ville où elle se trouve et dont elle incarne le cœur et le poumon. L'entreprise appartient à la même famille depuis quatre générations, elle est la treizième en importance au pays, et au moment de la catastrophe, elle fonctionne à plein régime.

Dans les heures suivant l'explosion, les propriétaires mettent au point leur plan de reconstruction, concluent des ententes avec le maire et leurs assureurs pour en accélérer la mise en œuvre, et convoquent tous les employés à l'aréna municipal pour les rassurer sur leur avenir.

Voici ce qu'on leur annonce : tous les membres du personnel toucheront 70 % de leur salaire durant la reconstruction, même sans travailler, et ce, à trois conditions.

Premièrement, ils devront se mettre à la disposition des architectes et des ingénieurs pour faire en sorte que les nouveaux aménagements leur permettent de travailler plus efficacement. Des aires de repos, de formation et de réunions adéquatement meublées et équipées, mieux situées, plus modernes et plus accueillantes sont notamment prévues dans les plans. Superviseurs, fondeurs et couleurs participeront à la conception des installations, et tout ce qui pourra être automatisé le sera sans perte d'emplois.

Deuxièmement, ils devront suivre des formations techniques sur le nouvel équipement ainsi que des formations en matière de sécurité, de relations de travail et de gestion, selon leurs intérêts et leurs fonctions. Ils devront en outre accomplir certaines tâches sur le chantier de reconstruction, comme assurer la sécurité, gérer la cafeteria durant les pauses, peindre les nouveaux locaux et aménager les lieux à l'arrivée des meubles et des équipements. Les propriétaires ont déjà demandé et obtenu tous les permis nécessaires pour occuper ainsi leur monde durant les 18 mois que doivent durer les travaux.

Enfin, au terme du projet, tous ceux qui seront à trois ans ou moins de la retraite pourront choisir de la prendre sans pénalité. Et tous ceux qui désireront retourner sur les bancs d'école pour terminer un diplôme ou en acquérir un dans un domaine technique pourront le faire à plein temps pendant un maximum de trois ans, tout en continuant de toucher 70 % de leur salaire.

Douze mois plus tard, l'usine reprenait la production. La ville avait traversé la crise et était dans un état financier, physique et moral meilleur qu'avant l'explosion. Les employés ayant de nombreuses heures disponibles avaient offert leur temps bénévolement à la municipalité pour rafraîchir les installations des parcs, faire de petites réparations aux terrains de jeux et organiser diverses activités. Les propriétaires de l'aciérie avaient pour leur part demandé à la Ville une exemption de taxes pendant l'arrêt de la production, et pour lui montrer leur reconnaissance, ils avaient permis à leurs architectes et à leurs ingénieurs d'offrir leurs services sans frais à la direction de l'urbanisme de leur localité.

Cette aciérie sert encore de modèle de modernisation après dix ans, elle se classe toujours aux premiers rangs de son domaine d'affaires sur le plan de la qualité du produit et du taux de productivité, et elle conserve le plus faible taux d'accidents dans sa catégorie.

Une compagnie aérienne attentionnée

Les bilans de la compagnie aérienne de cet exemple révèlent une croissance ininterrompue au cours des 37 dernières années. Elle a survécu au mouvement de déréglementation, aux évènements du 11 septembre 2001 et à la crise financière de 2008. Elle n'a fait que peu de mises à pied — jamais sauvages — et n'a demandé aucun sacrifice salarial à ses employés. Son personnel non cadre détient 10 % de ses actions, et 87 % de ses effectifs sont syndiqués.

Il s'agit là d'une situation unique dans le monde du transport aérien, et plutôt rare à l'échelle des grandes organisations nord-américaines. Qui plus est, la compagnie figure au palmarès des sociétés que les employés ne veulent pas quitter, de même qu'à celui des entreprises qui n'ont aucune difficulté de recrutement. Les écoles de gestion l'étudient depuis des années et la citent en exemple chaque fois qu'elles mettent leurs données à jour après leur tournée d'entrevues avec les cadres de tous niveaux.

Cette compagnie a une politique de tolérance zéro envers le personnel et les clients agressifs, menteurs ou harceleurs de tout acabit. Elle répond en tout temps aux questions de ses employés et de ses clients, et donne suite à toutes les suggestions et à tous les commentaires qu'on lui soumet.

Le PDG voyage toujours à bord des appareils de sa compagnie pour se rendre aux destinations qu'elle dessert, et presque toujours en classe économique. Il côtoie sa clientèle dans les salles d'attente des aéroports et en profite pour prendre le pouls de leur satisfaction, de même que pour récolter des idées susceptibles de les fidéliser.

Le PDG sert même les clients au comptoir une journée par mois, et jamais deux fois de suite au même emplacement.

Lors d'une de ces journées, il s'est porté au secours d'un agent malmené par un client mécontent après avoir observé la scène pour s'assurer que le comportement de son employé était irréprochable de politesse et de patience. Lorsque, sans perdre son calme, l'employé a signifié au client qu'il allait demander l'avis de son superviseur, le PDG s'est présenté au comptoir et a décliné son nom et son titre. Le client a alors poursuivi sa litanie d'insultes sur un ton toujours aussi agressif. Le PDG a aussitôt contourné le comptoir pour le rejoindre, et l'a poliment accompagné au comptoir d'un autre transporteur où il a défrayé le prix de son billet en lui faisant clairement savoir qu'il ne permettait à personne de traiter ainsi ses employés. Et ce n'est là qu'une des anecdotes qui figurent dans les études de cas universitaires dont la compagnie fait l'objet.

Depuis sa fondation, il y a un peu plus de 40 ans, la compagnie a connu trois PDG. Le PDG actuel vient des rangs et en est le grand patron depuis 6 ans. Le conseil d'administration lui a proposé plus d'une fois de doubler, ou même tripler son salaire. Et chaque fois, il a refusé. Son salaire n'augmente que si les salaires des employés augmentent aussi, et il l'a fixé au double de celui des pilotes et des ingénieurs les mieux payés. Certains administrateurs craignaient qu'avec de tels salaires, les plus bas du secteur à l'échelon des dirigeants, ils auraient du mal à recruter de bons éléments. Mais c'est tout le contraire qui se produit depuis le début.

Les futurs PDG se bousculent pour faire leurs classes de cadres dans cette entreprise, devenue une véritable pépinière de gestionnaires parmi les meilleurs qui soient. Ils sont tenus par contrat de demeurer en fonction pendant quatre ou six ans, selon le niveau du poste, et la plupart font deux mandats. Ainsi restent-ils assez longtemps dans l'entreprise pour la faire bénéficier de leur talent, et les départs sont parallèlement assez fréquents pour introduire régulièrement du sang neuf.

Un personnel hôtelier des plus choyés

Le propriétaire de plusieurs hôtels de luxe avec spas et golfs, répartis dans de grandes villes touristiques du monde, a résolument pris le parti de ses employés dans la foulée de la crise de 2008. Au terme d'une année 2009 passablement difficile, il a ainsi été le seul hôtelier de sa ville d'origine à annoncer qu'aucun de ses établissements ne serait fermé et qu'aucun de ses employés ne serait licencié.

Il a d'abord ajusté ses prix à la baisse, mais sans céder à la panique. Puis il a multiplié les efforts de publicité partout dans le monde, et négocié de nouveaux trajets avec certaines compagnies aériennes et les aéroports des villes où elles opéraient afin d'amener de nouveaux clients.

Il a sabré les heures supplémentaires des superviseurs et des chefs d'équipe en leur promettant que le premier boni après la crise serait d'un montant équivalent aux heures supplémentaires de la dernière année. Il a aussi réduit les heures de plusieurs catégories d'employés, mais en maintenant tous leurs avantages au chapitre des soins médicaux, et ce, même si les horaires passaient sous la barre du nombre d'heures requises pour y avoir droit. Il a par ailleurs demandé qu'on forme tout le monde en matière de service à la clientèle pour s'assurer de maintenir un niveau d'excellence élevé.

Il a de plus annoncé que ni lui ni aucun membre de sa famille n'avait reçu de salaire en 2009 et qu'ils n'en touche-raient pas en 2010, non plus d'ailleurs qu'en 2011 si les affaires mettaient du temps à reprendre. Il a enfin demandé aux huit membres de son conseil d'administration de siéger une fois de moins dans l'année, et donc de renoncer à un jeton de présence d'une valeur fixée à 250 000 $ par réunion. Tous ont accepté en disant qu'ils siégeraient quand même le nombre de fois habituel, mais qu'ils n'accepteraient qu'un jeton par an tant et aussi longtemps qu'il se priverait lui-même de salaire.

Ce que ces exemples nous enseignent

Les trois exemples de leadership que nous venons de voir confirment qu'il est rentable d'être généreux et de prendre soin de ses employés. Ils démontrent en outre que même à grande échelle, et dans des situations exigeant d'importantes dépenses ou de grands sacrifices, de hauts dirigeants misent sur une performance sans artifices et y trouvent leur avan-tage.

Nous avons donc nous-mêmes tout intérêt à sélectionner nos patrons, à dépister les milieux favorables aux mangeurs de chair et à rechercher les organisations respectueuses des personnes et reconnaissantes de leur contribution.

Conclusion

Nous avons maintenant tout ce qu'il faut pour identifier, gérer, dénoncer, quitter et écarter les patrons délinquants, les mangeurs de chair. Si vos malaises au travail sont dus à un mangeur de chair et que vous avez tenté de trouver votre zone de confort dans son environnement sans y parvenir, il est temps de passer à autre chose. Vous êtes responsable de votre bien-être; alors, veillez-y!

Si nous voulons qu'il y ait moins de mangeurs de chair, nous devons tous agir. Cherchez l'organisation qui offre un terrain de participation aux talents. Cherchez celle dont les leaders font partie des équipes performantes. Et bâtissez sainement votre organisation si vous en êtes dirigeant.

Les victimes éprouvent un profond sentiment d'injustice quand elles prennent finalement la décision de partir. Certaines ont même l'impression d'avoir trahi leurs collègues ou leur équipe, alors que d'autres s'interrogent sur leur habileté à se faire entendre. Après un deuil plus ou moins réparateur, toutes ressentent longtemps de la colère envers les gestionnaires, la direction ou l'entreprise au grand complet. Toutes restent en outre vulnérables et se détachent ou se retirent à nouveau au moindre signe de comportements mangeurs de chair.

> Vous êtes responsable de votre bien-être; alors, veillez-y!

Dans la lutte pour les compétences et dans la foulée de la mondialisation, les organisations porteuses de défis et respectueuses de leurs gens auront une longueur d'avance. Nous redécouvrons par ailleurs l'importance du plaisir comme facteur de qualité et de productivité. Ces tendances concourent à façonner une nouvelle génération de patrons ; mais en attendant, il n'est pas question de baisser les bras. Travaillons à identifier nos mangeurs de chair et à les empêcher de poursuivre leur gaspillage sans nous leurrer, car ils sont habiles et savent aussi s'adapter à la nouvelle donne.

Aucun PDG n'est impuissant devant un mangeur de chair à moins d'être paresseux, incompétent ou mangeur de chair lui-même.

Aucun conseil d'administration n'est impuissant devant une direction mangeuse de chair à moins d'être formé d'incompétents, d'indifférents ou de gens favorables à ce type de leadership.

Personne n'est éternellement impuissant devant des comportements qui gaspillent ses énergies ou font fi de ses talents.

L'auteure

Rollande Montsion a été sous-ministre adjointe au ministère du Revenu du Québec pendant plus de sept ans avant de cofonder l'actuel groupe en gestion de ressources humaines h2m.

Elle avait auparavant été conseillère du président de la République du Bénin, vice-présidente et vérificatrice générale à Hydro-Québec, directrice générale – Vérifications et examens spéciaux au Bureau du vérificateur général du Canada, conseillère principale en développement organisationnel au bureau de l'Orateur de la Chambre des communes et chef de service à la Direction des langues officielles de la Commission de la fonction publique.

Toute sa vie professionnelle, elle a été gestionnaire, patronne et, à ce titre, patronne de patrons mangeurs de chair.

N'hésitez pas à échanger avec l'auteure sur son blogue au www.rollandemontsion.com.

Suivez *Les patrons mangeurs de chair* sur Facebook.

Liste des tableaux

LEADER QUI INSPIRE / LEADER QUI ORGANISE 26

RÉSOLUTIONS 89

RÉSOLUTIONS 92

RÉSOLUTIONS 94

RÉSOLUTIONS 97

RÉSOLUTIONS 98

RÉSOLUTIONS 100

RÉSOLUTIONS 101

RÉSOLUTIONS 104

RÉSOLUTIONS 105

RÉSOLUTIONS 107

RÉSOLUTIONS 109

PORTRAIT DE LA SITUATION 125

BULLETIN PERSONNEL 126

LES 10 COMMANDEMENTS DE L'ANTIMANGEUR DE CHAIR 134

RÉPERTOIRE DE FACTEURS À CONSIDÉRER 141

L'ENTREVUE SANS LE FUTUR PATRON 144

L'ENTREVUE AVEC LE FUTUR PATRON 145

Achevé d'imprimer le 4 mars 2011
sur les presses de Transcontinental Gagné,
Louiseville, Canada,
pour le compte de Isabelle Quentin éditeur.